O FAZER ESTRATÉGICO

"Ao longo de minha carreira de cinquenta anos como facilitador de mudanças reais, testemunhei a aceleração da velocidade e a complexidade da adaptação organizacional. Este livro é a melhor consolidação, e codificação, que encontrei das melhores práticas para uma abordagem nova do planejamento e implementação estratégicos. Os autores esclarecem a metodologia do Strategic Doing e fornecem um roteiro gerenciável que torna a metodologia fácil de aplicar... bem a tempo de enfrentar os maiores desafios de velocidade e complexidade que a humanidade conheceu."

– Bob Sadler, CEO da Sadler Consulting, *coach* executivo e autoridade em mudança de liderança e presença executiva

"Nem se preocupe em ler todos esses livros sobre liderança e estratégia. Sei o que digo porque escrevi vários deles. *O Fazer Estratégico* é **A** fonte para compreender como a liderança e a estratégia estão mudando nesta era de velocidade e complexidade. O que torna este livro mais importante são as dez habilidades práticas que você e seus colegas podem aprender para se tornarem mestres em liderar em uma era disruptiva."

– Jay Conger, professor titular de Estudos de Liderança no Claremont McKenna College e autor de *The High Potentials Advantage*

"Nos últimos trinta anos, tenho viajado pelo mundo para os *60 Minutes*. Uma tendência é clara. Os desafios que enfrentamos estão crescendo em complexidade. A melhor maneira de enfrentar esses desafios é por meio da engenhosidade humana desencadeada pela colaboração. Este livro ilumina esse caminho. Recomendado".

– Bob Anderson, produtor, *60 Minutes* (CBS)

"Ed Morrison dominou a arte de fazer o progresso acontecer em um mundo complexo, resistente à mudança. Agora ele e seus colegas reuniram décadas de um conhecimento duramente conquistado em um livro fácil de assimilar – o que é uma grande notícia para todo inimigo do caos, da confusão e da inércia."

– John D. Donahue, presidente do corpo docente do mestrado de Harvard em Políticas Públicas e autor de *Collaborative Governance*

Edward Morrison, Scott Hutcheson, Elizabeth Nilsen,
Janyce Fadden e Nancy Franklin

O FAZER ESTRATÉGICO

DEZ HABILIDADES PARA MAIOR AGILIDADE E ALTA EFICÁCIA

Prefácios de Yo-Yo Ma e Oscar Motomura

Tradução
Mário Molina

Editora Cultrix
SÃO PAULO

Título do original: *Strategic Doing – Ten Skills for Agile Leadership.*

1ª edição 2025.

Design da capa: Wiley.

Imagem da capa © David Allen Moss.

Editor: Adilson Silva Ramachandra
Gerente editorial: Roseli de S. Ferraz
Preparação de originais: Júlia Rodrigues
Gerente de produção editorial: Indiara Faria Kayo
Editoração eletrônica: Join Bureau
Revisão: Erika Alonso

Dados Internacionais de Catalogação na Publicação (CIP)
(Câmara Brasileira do Livro, SP, Brasil)

O Fazer estratégico: dez habilidades para maior agilidade e alta eficácia / Edward Morrison...[et al.]; tradução Mário Molina; prefácios de Yo-Yo Ma, Oscar Motomura. – 1. ed. – São Paulo: Editora Cultrix, 2025.

Outros autores: Scott Hutcheson, Elizabeth Nilsen, Janyce Fadden, Nancy Franklin
Título original: Strategic doing: ten skills for agile leadership
ISBN 978-65-5736-354-6

1. Alianças estratégicas (Negócios) 2. Liderança 3. Parceria público-privada (PPP) I. Morrison, Edward. II. Hutcheson, Scott. III. Nilsen, Elizabeth. IV. Fadden, Janyce. V. Franklin, Nancy. VI. Ma, Yo-Yo. VII. Motomura, Oscar.

24-236139 CDD-658.4012

Índices para catálogo sistemático:
1. Planejamento empresarial: Administração de empresas 658.4012
Cibele Maria Dias – Bibliotecária – CRB-8/9427

Direitos de tradução para o Brasil adquiridos com exclusividade pela EDITORA PENSAMENTO-CULTRIX LTDA., que se reserva a propriedade literária desta tradução.
Rua Dr. Mário Vicente, 368 — 04270-000 — São Paulo, SP — Fone: (11) 2066-9000
http://www.editoracultrix.com.br
E-mail: atendimento@editoracultrix.com.br
Foi feito o depósito legal.

Este livro é dedicado à notável comunidade do Strategic Doing *que agora se estende por todo o globo. Vocês nos inspiram.*

SUMÁRIO

PREFÁCIO À EDIÇÃO BRASILEIRA

Há poucos meses, recebi pelo correio o livro *Strategic Doing* que me foi enviado por um de seus autores. O título chamou minha atenção e logo pensei: algo que iria finalmente além do tão trabalhado "planning"?

Nesse momento lembrei do primeiro artigo que escrevi em Ideias Amana, *newsletter* do grupo Amana-Key que criamos há mais de 40 anos. Dei a esse artigo um título que visava chamar a atenção dos eventuais leitores: "Boas ideias não geram resultados". No primeiro parágrafo do artigo, estava lá o óbvio que, na vida real, continua ainda hoje invisível para grande número de pessoas, inclusive líderes de grandes organizações da área pública e privada e mesmo da sociedade civil. "A ideia em si nada gera. A implementação com excelência da ideia é que gera resultados...".

Pesquisas feitas hoje em dia são alarmantes. Cerca de dois terços das estratégias criadas por organizações em seus "planos estratégicos", ainda que bem concebidas, não conseguem gerar resultados satisfatórios por falhas na execução dessas estratégias...

Por que isso ocorre, não obstante a significativa evolução que vem aparentemente ocorrendo na dita "arte da gestão e liderança" nas últimas décadas?

Neste livro, Morrison e seus colegas buscam responder a essa questão com grande profundidade, com base em suas vivências práticas em todos os setores da vida: na área pública, na empresarial, na não-governamental, nas comunidades e até na vida pessoal.

Esta é uma obra que honra o seu próprio título. É sobre caminhos práticos que levam a excelência em execução. É sobre a arte do fazer acontecer.

O que também chamou minha atenção é que este é um livro super atual. Ele honra os desafios dos tempos que estamos vivendo, de muitos "imprevistos" (em outras palavras, muitas coisas que não conseguimos prever em nossos planos tradicionais). Tempos de muitas coisas surpreendentes no dia a dia. Que exigem muita criatividade e em alta velocidade. É o que chamo de "improvisos positivos" - focados nos resultados que se busca e não no que os planos normalmente definem como "certos" ou necessários.

Mas a quem caberia criar esses "improvisos positivos"? À alta administração? Aos planejadores, ou seja, a quem cria "planos estratégicos"? Ou à organização como um todo e especialmente ao pessoal da ponta que executa, faz acontecer e gera resultados efetivamente?

Possível chegar a esse ideal de criatividade instantânea principalmente na ponta em organizações fortemente hierarquizadas que até abafam a inteligência e criatividade inerentes a todo ser humano? Possível chegar ao nível de engajamento que assegure excelência em execução sem alta participação, transparência e respeito interpessoal no processo de tomar decisões e fazer acontecer?

Convido todos os leitores a buscar sutilezas em cada parte do livro, em cada reflexão provocada pelos autores, em cada exemplo, em cada história, em cada caso real. Serão as sutilezas que nos farão transcender o "grosso", que todo mundo já sabe, e gerarão insights de grande valor para fazer a evolução de caráter cultural que o livro pode propiciar (uma verdadeira transformação de crenças, de "mindsets"). Uma evolução que sai de um modelo mental de excessiva valorização de planos e vai para um "ir até o fim", até uma execução de alta qualidade. Até um efetivo "doing"...

Ao estar ligado a sutilezas, o leitor avançará até além do ponto que os autores buscam nos levar. Por exemplo, ao refletir sobre as habilidades* contidas no livro, que a excelência em execução exige, podemos abstrair os princípios que poderão fazer a cultura organizacional inteira da organização se transformar, especialmente de uma gestão mecânica, hierárquica, de comando e controle para uma outra mais orgânica, horizontal, flexível, humanizada, altamente criativa.

O conceito de habilidades também nos leva, se atentos a sutilezas, à importância de alfabetização (ou "re-alfabetização") da organização como um todo, da cúpula à base. Alfabetização em quê? No digital, mais obviamente. Mas também em competências humanas em um mundo de crescente diversidade em todos os sentidos (inclusive de modelos mentais). Algo não tão óbvio. Como potencializar a criatividade coletiva se as pessoas que participam de reuniões não se ouvem...? Se os participantes

---

* O termo "skill" foi aqui traduzido como "habilidade" para ser fiel à ideia dos autores. Em conversa com Morrison, entendi que "skill" seria algo que se obtém da prática efetiva, como no saber nadar, tocar um instrumento musical.

No contexto do livro, está no saber criar um contexto apropriado para conversas profundas, saber guiar diálogos na direção da equação a resolver, saber fazer grupos até grandes a, por consenso, criar ações práticas - de rápida implantação etc.

"Skills" até poderia ter o sentido de "regras práticas", "princípios", "caminhos". No livro, porém, "skill" tem o sentido de *know-how* que, por ter sido desenvolvido na prática, está "nos ossos", no tácito que gera resultados efetivos. (OM)

não têm senso de civismo e não respeitam as pessoas que têm ideias muito "diferentes" das próprias? Achei relevante os autores trazerem à mesa até esse tipo de sutileza e outras como a capacidade de facilitar reuniões na busca de consensos de alta qualidade. Consensos guiados por equações muito bem definidas e claramente conectadas com o que efetivamente se quer realizar, executar.

Agilidade é o tema do livro, mas fica claro que os autores não estão simplesmente reagindo a um modismo. É uma obra que vai à raiz dos problemas crônicos que existem em todo lugar. Nesse sentido, a leitura do livro pode ser na linha do "pensamento reverso": você vive problemas crônicos em sua vida pessoal, organizacional e cívica? Que tal procurar no livro as causas-raiz de seus problemas e as soluções não convencionais (as tais "ideias fora da caixa") que poderão curar o crônico?

No pensamento reverso, é provável que você chegue às perguntas certas, às equações que podem dar um foco agudo à criatividade coletiva (em sua rede de parceiros ou no ecossistema de sua organização). Foco esse que canalize a energia de todos e faça chegar a soluções muitas vezes surpreendentes (que levem à cura efetiva do crônico). Como Einstein dizia: o mais difícil está na montagem da equação...

Soluções surpreendentes poderão emergir pela força do coletivo. Aqui vejo uma forte ligação do que os autores pregam com a convivência da Amana-Key com os mutirões. Nos mutirões, o foco está totalmente em execução. Descobre-se no caminho o melhor jeito de fazer acontecer... Execução primeiro e depois o planejamento? Algo totalmente "contraintuitivo", mas na dimensão do convencional do passado?

O intuitivo para valer somente emergiria com grande força, na medida em que, no coletivo, todos estejam 100% presentes no aqui e agora – sem distrações – e focados, com grande objetividade, na resolução da equação posta à mesa. Com todos presentes em presença total, desperta-se um tipo de "intuição coletiva" ao se buscar consenso de alta qualidade. Um consenso muito além das "decisões por maioria", que ainda prevalece fortemente nos hábitos superados da gestão hierarquizada do passado...

Outra sutileza que o leitor irá observar no livro (se não estiver só dando uma olhada no grosso): a conexão entre habilidades e papéis que pessoas que fazem acontecer exercem o tempo todo (papéis diferentes de quem só planeja e "delarga" a execução para "o pessoal operacional"). A partir da percepção desses papéis, o leitor poderá se autoavaliar e buscar autodesenvolvimento.

Chamaria a atenção também para o desenvolvimento de novos hábitos (e o abandono de hábitos superados) que o livro enfatiza para conseguir excelência no "doing". Que hábitos superados seriam esses?

O hábito de envolver somente os "superiores" nas conversas sobre estratégias e sobre aspectos tático-operacionais focados no fazer acontecer e na geração de resultados efetivos? Até que ponto seria essencial envolver todos os membros do ecossistema, da cúpula à base?

Outro hábito estaria na frequência de fazer planos e rever sua adequação à realidade? Hábito do planejamento anual, que não dá mais conta em um mundo que está se transformando tão rapidamente? Um hábito que deveria migrar para planos e revisões trimestrais, bimestrais, mensais? Ou até semanais/diárias, quando há grandes turbulências e até caos no contexto maior...?

Os *insights* que este livro poderá gerar serão muitos e de enorme valor para ajudar a melhorar o todo maior, cada vez mais complexo e interdependente. Sempre por meio de soluções simples (mas não simplórias, como dizem os autores), para não complicar ainda mais o que já está ficando cada vez mais complexo a cada dia.

O processo de observação da realidade em que vivemos por parte dos autores, que está embutido no livro, é precioso. Ele é, em si, sua maior contribuição ao leitor. Revemos nosso processo de refletir até sobre os paradoxos à nossa volta e revemos nossa postura em relação a eles. Em vez de nos conformarmos passivamente em relação aos sistemas doentes ao nosso redor nos motivamos a fazer diferença por meio de atitudes "pró-soluções".

Mas não podemos esquecer que tudo está em transformação. Tudo é impermanente. Nesse sentido, o livro é um super estímulo para dar continuidade a este tipo de reflexão focado em excelência em execução. Novos desafios irão surgir. Muitas surpresas emergirão. Vamos continuar descobrindo coisas preciosas no caminho. Especialmente para desvendar a própria natureza humana e os mistérios que ela encerra...

* Oscar Motomura é o fundador e CEO do Grupo Amana-Key, organização especializada em inovações de raiz em gestão, estratégia e liderança. Motomura é também o criador e coordenador do APG – Programa de Gestão Avançada da Amana-Key.
www.amana-key.com.br

PREFÁCIO

Estive a vida toda à espera deste livro. *O Fazer Estratégico* responde a muitas dúvidas que tenho sobre como organizações culturais podem se agrupar para serem parte da solução ao enfrentar os problemas mais complexos da sociedade.

Testemunhei e participei dessa abordagem quando conheci Ed Morrison, em Youngstown, Ohio, ao trabalhar com um grupo de cidadãos comprometidos com a sociedade, todos empenhados em reconstruir uma comunidade que tinha sido próspera. Em apenas uma hora ele fez cada um de nós identificar e desbloquear os próprios potenciais, elaborar um plano viável de ação conjunta e determinar um curso de ação voltado para o futuro, marcando um novo encontro daí a trinta dias.

Agora temos o livro que detalha cinquenta anos (entre seus cinco coautores) de trabalho, mostrando como o Strategic Doing teve um efeito catalisador na revitalização de comunidades, cidades, indústrias e setores por todo o país.

O Fazer Estratégico é exatamente o que precisamos neste momento. Num mundo em rápida mudança, cheio de perturbações, com instituições não equipadas para absorver ou lidar com o ritmo da mudança, aqui está uma maneira de pensar e agir – uma estratégia ágil que faz a colaboração acontecer na velocidade necessária para o êxito social.

Yo-Yo Ma
31 de dezembro de 2018
Arlington, Massachusetts

INTRODUÇÃO

Muito antes de Flint, no Michigan, enfrentar uma crise hídrica, os moradores dos bairros mais carentes da cidade se depararam com outro desafio: homicídios de adolescentes. Em 2010, o número recorde de 66 pessoas foram mortas em Flint, uma cidade com pouco mais de 100 mil habitantes – a maioria homens jovens, afro-americanos (para efeito de comparação, a taxa estadunidense de homicídios é de 4,9 por 100 mil habitantes). Tendaji Ganges, Bob Brown e Kenyetta Dotson se uniram a seus vizinhos de Flint e seguiram uma abordagem tradicional para resolver o problema: solicitaram uma subvenção federal. Quando a proposta de subvenção foi recusada, eles decidiram explorar outras opções. Usando as habilidades descritas neste livro, começaram a construir novas redes para recuperar os bairros onde moravam. Esses líderes, em conjunto com um punhado de outros, começaram a se concentrar nos ativos que tinham em suas próprias redes em busca de novas soluções para os desafios da violência juvenil. Alguns anos mais tarde, quando a crise hídrica atingiu Flint, essa nova rede de cidadãos participativos, comprometidos com o Strategic Doing[1], não se concentrou em protestos (embora como indivíduos, cada um deles tenha participado de eventos e feito com que suas vozes fossem ouvidas). Em vez disso, arranjaram caminhões para levar alimentos, produtos frescos, frutas e verduras a seus bairros. Por quê? Porque frutas e verduras frescas mitigam o impacto do envenenamento pelo chumbo. Não ficaram à espera de outros e, ainda mais importante, não ficaram paralisados pela falta de recursos. Como um dos líderes falou mais tarde: "Um Fazer Estratégico eliminou nosso vício em subsídios. Achávamos que não poderíamos fazer nada sem um subsídio". Bob Brown, um membro da equipe principal de Flint, explicou da seguinte maneira: "Um Fazer Estratégico nos dá o poder de mudar nossa vida, nossos bairros e nossas comunidades".

Abordaremos mais tarde a fantástica história desses líderes de Flint. Mas, agora, voltemos nossa atenção para Elizabeth Taylor, que administra o Programa de Biologia Espacial da Divisão de Ciências Biológicas da NASA. Ela se concentra em orientar os investimentos em pesquisa da NASA para a investigação do impacto da microgravidade em processos biológicos fundamentais. Faz parte de uma equipe que enfrenta o desafio de desenvolver os fundamentos científicos e tecnológicos necessários para dar suporte a uma segura e produtiva exploração humana do espaço. O trabalho da equipe se concentra em biologia celular e pesquisa animal. Além de gerenciar esses programas, Elizabeth e seus colegas enfrentam desafios para articular colaborações com o Programa de Pesquisa Humana da NASA, focado em gerenciar viagem espacial humana. Tanto o Programa de Biologia Espacial quanto o Programa de Pesquisa Humana são parte da Divisão de Vida Espacial e Ciências Físicas da NASA. Em razão da grande parte burocrática do governo, os cientistas e os engenheiros dentro desses dois programas se conhecem, mas a colaboração é difícil: todos estão ocupados e as pressões por resultados são implacáveis. Ninguém tem tempo. Então, quando foi dada a Elizabeth a responsabilidade de convocar tanto o Programa de Biologia Espacial quanto o Programa de Pesquisa Humana para procurar pontos de interseção e colaboração, ela se voltou para o Strategic Doing. Ao longo de alguns dias no norte da Califórnia, usando as habilidades descritas neste livro, ela e sua equipe conduziram conversas que levaram à identificação de uma série de oportunidades de colaborações complexas, viabilizando também os primeiros passos dados nessas colaborações, tudo em questão de algumas horas.

Voltemos agora para os desafios enfrentados por uma das primeiras empresas aeroespaciais e de defesa da nação interessada em garantir novos contratos com a Marinha dos Estados Unidos da América. Recentemente, o Departamento de Defesa introduziu um requisito para que seus gerentes de programa incorporassem a manutenção preventiva em sistemas de equipamentos críticos, aumentando a prontidão operacional e a confiabilidade, reduzindo, ao mesmo tempo, o custo de propriedade e o tempo de inatividade do equipamento. Na sua forma mais simples, a manutenção preventiva (também chamada manutenção baseada em condições ou CBM*) sinaliza que há um sistema instalado que prevê falhas mecânicas antes que elas ocorram.

Como todas as empresas que competem em termos de inovação, essa empresa é muitas vezes confrontada com a opção "comprar, construir ou fazer parceria" ao tomar decisões estratégicas sobre o desenvolvimento de tecnologia. "Comprar" não era uma opção, pois não havia uma solução CBM disponível e "pronta para uso." "Construir" tem se tornando mais difícil para os empreiteiros de defesa norte-americanos; mudanças recentes nas regras de aquisição da defesa estão diminuindo os recursos disponíveis para pesquisa e desenvolvimento, tornando essa alternativa impraticável. Fazer parceria foi a melhor opção. A companhia precisava identificar as empresas de tecnologia que eram capazes

* Isto é, *condition-based maintenance.* (N. do T.)

de fornecer o conhecimento de que precisava, executar com rapidez uma diligência de avaliação prévia e projetar uma colaboração complexa com essas empresas para gerar uma prova de conceito. Usando as habilidades descritas neste livro, a empresa convocou uma série de quatro *workshops* envolvendo 90 empresas, articulando um esquema para começar a construir uma solução CBM. O CEO de uma das pequenas empresas de tecnologia envolvidas no processo declarou na reunião de encerramento: "Já trabalhei com grandes empresas tentando trazer inovação aberta, mas o processo do Strategic Doing é único. É o processo de inovação aberta mais claro e conciso que já vi".

Compare esses exemplos com as reuniões, os processos de planejamento e as comissões em que você esteve presente recentemente. Está satisfeito com a eficácia dessas reuniões ou tem a impressão de que seu tempo é muitas vezes desperdiçado, que questões importantes ficam sem solução e que há pouco acompanhamento? Mesmo quando está no comando das discussões, você fica frustrado.

NOSSA PROMESSA

Os problemas enfrentados por essas equipes são, aparentemente, bem diferentes. As preocupações da sua própria empresa provavelmente são ainda mais diferentes. E no entanto, um fio comum as une – a necessidade de encontrar novas formas de trabalhar em conjunto para enfrentar grandes desafios. Este livro explicará como podemos navegar no mundo de desafios complexos fortalecendo nossas aptidões compartilhadas para a colaboração. Para a maioria das pessoas, a colaboração é apenas uma palavra falada aos quatro ventos. Depois de ler este livro, você verá que a verdadeira colaboração é muito mais profunda que isso. É um conjunto de dez habilidades compartilhadas que chamamos Strategic Doing. Qualquer um pode aprender essas habilidades. Nós os ensinamos, entre outras pessoas, a cientistas, engenheiros, executivos de empresas, estudantes do ensino médio, profissionais da saúde, ativistas comunitários, administradores universitários, funcionários de prefeituras, donos de *startups* e profissionais da força de trabalho e do desenvolvimento econômico. Explicamos essas habilidades e ilustramos como uma delas é usada como parte de uma colaboração eficaz. Também fornecemos algumas informações básicas sobre a pesquisa que apoia cada uma dessas habilidades.

Por si só, cada habilidade pode causar um tremendo impacto sobre a eficiência dos grupos com os quais já estamos envolvidos. Além disso, elas podem ser reunidas em um processo para construir, desde o início, uma complexa colaboração. Você verá que embora as habilidades possam parecer simples, não são fáceis. Dominá-las exige prática.

Há mais um detalhe: pela nossa experiência, descobrimos que ninguém é realmente bom em todas as dez habilidades. Essa é uma razão, entre outras, pela qual precisamos de uma equipe diversificada para enfrentar um desafio complexo. Falaremos mais sobre isso no capítulo final.

POR QUE ESTAMOS CONFIANTES? A HISTÓRIA PREGRESSA DE NOSSO TRABALHO

O que nos deixa tão confiantes de que podemos cumprir a promessa que estamos fazendo? Para responder a esta pergunta, precisamos contar um pouco mais sobre como surgiu o Strategic Doing. O Strategic Doing começou em um estacionamento-garagem de Oklahoma City, em 1993. Naquela época, antes do atentado que tornou a cidade famosa em todo o mundo, Oklahoma City estava enfrentando uma década de estagnação. Os preços do petróleo haviam entrado em colapso e a cidade ainda não tinha se recuperado de uma grave crise bancária ocorrida uma década antes.

O prefeito da cidade, Ron Norick, e a câmara municipal estavam muito ocupados planejando um grande renascimento por meio de um projeto de investimento de muitos milhões de dólares em infraestrutura chamado MAPS (Projetos da Área Metropolitana). Financiado por um aumento de impostos sobre vendas, o MAPS gerou mais de 400 milhões de dólares para nove projetos, incluindo a construção de uma arena e de um estádio de beisebol e a reforma de um centro de convenções.

Os investimentos em infraestrutura, embora necessários, não são suficientes para restabelecer uma economia. Somente quando o setor privado adquire confiança suficiente para investir, a economia de uma cidade pode prosperar. Mas como uma cidade pode aumentar o investimento privado? A convite de Charles Van Rysselberge, então presidente da câmara de comércio, Ed Morrison foi a Oklahoma City para responder a essa pergunta. Ele começou a trabalhar em uma estratégia para a câmara de comércio (que na época estava instalada dentro de um *bunker* de concreto em um estacionamento). Charles e Ed montaram uma pequena equipe principal de líderes empreendedores. A equipe incluía Clay Bennett, que mais tarde se tornou uma força importante ao deslocar uma equipe de basquete da NBA de Seattle para Oklahoma City, e Burns Hargis, que se tornaria reitor da Universidade do Estado de Oklahoma.

Consultor experiente em desenvolvimento econômico, Ed estava chegando logo após uma série de compromissos usando modelos tradicionais de planejamento estratégico. Ele estava cada vez mais convencido de que essas abordagens que dependiam de um oneroso processo linear de análise e execução de planos traçados com uma previsão que demandava muitos anos simplesmente não funcionavam (por razões que explicaremos no Capítulo 1). Para complementar o MAPS, Ed propunha uma abordagem nova e (até então) não testada. Sugeria que a Câmara pensasse em sua estratégia mais como um desenvolvimento de *software* com código aberto (uma área que estava até então apenas emergindo): uma repetição de experimentos para descobrir "o que funciona" – o que agora é chamado de processo *ágil*. A equipe principal de Ed apresentou sete iniciativas estratégicas, todas concebidas para alavancar um investimento adicional do setor privado na cidade. Chamaram esse portfólio de *Avante Oklahoma City: uma Nova Agenda*.

Ao tentarem adotar essa nova abordagem, o problema central enfrentado pela equipe acabou sendo: como projetar e orientar colaborações complexas em redes abertas e pouco conectadas quando ninguém puder dizer ao outro o que fazer? Desenvolvendo uma nova maneira de trabalhar juntos à medida que avançavam, os primeiros indícios de sucesso em Oklahoma City começaram a aparecer em cerca de três ou quatro anos – incluindo o hiato de mais ou menos um ano logo após o massacre de 1995. Em 2000, a combinação do MAPS e do Avante Oklahoma City desencadeou um adicional de 403 milhões de dólares em investimento privado, incluindo 27 milhões de dólares em empresas de base tecnológica. Hoje, Oklahoma City tem uma economia dinâmica e a câmara continua desenvolvendo novas iniciativas com base nesses princípios originais.

Aqui está outra métrica do sucesso deles. Em 1993, o único hotel no centro da cidade, o Medallion, raramente tinha mais que um punhado de hóspedes (na verdade, em certos dias, Ed acabava se convencendo de que era o único hóspede do único hotel no centro da capital de Oklahoma). À noite, no centro da cidade, as ruas ficavam muito desertas e perigosas para um hóspede se aventurar a sair para encontrar um ou dois restaurantes que pudessem estar abertos. O histórico Skirvin Hotel, fechado com tábuas nas portas, servia como um lembrete do colapso econômico. Se alguém tivesse perguntado aos principais líderes daquela época o que deveria ser feito com o Skirvin, a opinião dominante teria sido: "Derrube-o". Agora, avancemos rapidamente para hoje, Oklahoma City tem 18 hotéis no centro da cidade, e o Skirvin tornou-se uma joia preciosa.

Em 2010, Derek Thompson escreveu um artigo para o *The Atlantic*, "Por que Oklahoma City pode representar o futuro da América". Podia? Talvez. Não há dúvidas de que a experiência deu certo e que a equipe principal de Ed contribuiu de forma significativa para o renascimento da cidade. Os seis membros da equipe mobilizaram os ativos em suas redes (falaremos mais sobre isso adiante) para impulsionar a transformação de Oklahoma City. Concentrados, de modo incansável, em mobilizar colaborações para alavancar o investimento privado, a equipe liderou pelo exemplo. A lição que Ed tirou de Oklahoma City foi clara: um processo estratégico inteiramente novo precisa ser projetado para redes abertas e pouco conectadas. Modificações no planejamento estratégico tradicional simplesmente não funcionam.

Ao longo da década de 1990, Ed continuou fazendo testes. Em um conjunto de testes em grande escala ao longo de seis anos, ele aplicou essa nova abordagem em comunidades rurais do Kentucky que estavam em situação difícil. Aqui, o problema era diferente. J. R. Wilhite, então chefe do gabinete para o Desenvolvimento Econômico do Kentucky, queria desenvolver investimentos colaborativos nas comunidades em situação difícil, mas não tinha recursos para investir em um amplo processo de planejamento estratégico para cada comunidade. Para enfrentar o desafio, Ed aproveitou as lições de Oklahoma City e projetou um ágil processo estratégico que envolveu uma série de *workshops* sobre estratégia, com dois dias de duração, com líderes comunitários de condados que estavam em situação complicada. Em primeiro lugar, Ed trabalhou com J. R. para montar uma equipe principal de especialistas em desenvolvimento econômico, vindos de fora da comunidade. Então, durante seu primeiro dia em um condado, a equipe se espalhou e conduziu uma série de entrevistas individuais. No período da tarde, voltaram a se reunir para contar o que haviam aprendido. À noite, Ed reuniu essas percepções e elaborou um "plano de ação estratégico", o qual a equipe apresentou à comunidade no dia seguinte. Por meio de discussões, modificações rápidas foram feitas. Quando todos entraram em acordo, líderes comunitários assumiram a responsabilidade de implementar o plano de ação estratégico e uma verificação dentro de seis meses para avaliar o progresso foi programada. Essa nova abordagem estratégica se mostrou extraordinariamente bem-sucedida: 18 dos 23 condados em situação difícil tiveram progressos mensuráveis.

Um terceiro teste ocorreu em Charleston, Carolina do Sul, em 2001, com o lançamento do Corredor Digital de Charleston. Usando lições tanto de Oklahoma City quanto do Kentucky, Ed ajudou Ernest Andrade a formular a primeira estratégia para o Corredor. Ernest, um funcionário da prefeitura, achou que Charleston não estava fazendo o suficiente para apoiar empresas de alta tecnologia e de alto crescimento. Ele queria projetar o Corredor Digital de Charleston como um novo tipo de acelerador. Só havia um problema: Ernest não tinha muitos recursos. Embora recebesse um forte apoio do prefeito, começou com (literalmente) um mero logotipo. Apesar desse início modesto, Ernest foi capaz de construir um ecossistema vibrante seguindo os princípios do Strategic Doing. Buscando de modo incansável novas colaborações e se concentrando em "fazer o que estava a seu alcance", ele foi capaz de construir um ecossistema globalmente reconhecido de alta tecnologia em Charleston.

Em 2005, as experiências de Ed o tinham convencido de que era possível uma nova abordagem de estratégia; e ele se mudou para a Universidade de Purdue para continuar a amadurecer essas ideias. Lá, conheceu Scott Hutcheson e os dois passaram a trabalhar em um projeto que Scott tinha com a universidade. Purdue tinha recebido ao longo de três anos uma doação de 15 milhões de dólares do Departamento de Trabalho dos EUA para testar inovações nos sistemas de desenvolvimento da força de trabalho nos condados de Indiana que estavam ao redor da universidade. A região era uma das 13 regiões financiadas nos Estados Unidos. O desenvolvimento da força de trabalho é excepcionalmente complexo: há uma diversidade de atores envolvidos, incluindo sindicatos, faculdades comunitárias, universidades, escolas de ensino médio e, é claro, empregadores, funcionários atuais e estudantes que estavam entrando no mercado de trabalho. Usando as habilidades do Strategic Doing, Scott e Ed montaram uma equipe principal de seis pessoas e começaram a construir uma rede de colaborações com a região.

Trataram seus fundos de investimento de modo muito parecido a um investimento de risco. Investiram em colaborações que tinham boas perspectivas de serem replicáveis, escaláveis e sustentáveis, usando um processo de investimento em fases para alimentar colaborações bem-sucedidas. Quando o governo federal computou os resultados de todas as regiões, a abordagem de Purdue gerou retornos muito superiores ao investimento feito (vamos descrever melhor esta iniciativa no Capítulo 7).

NOSSO TRABALHO ATUAL

Essas experiências foram o início do Strategic Doing. Desde então nossas demandas aumentaram e trabalhamos com empresas, grupos e organizações em muitas áreas do país – falaremos sobre alguns deles mais adiante. Desenvolvemos um conjunto de propostas de educação executiva, ensinadas por uma equipe de pessoas de todo o país que praticavam o Strategic Doing, usando uma abordagem interativa e baseada em simulação. E começamos a treinar alunos de graduação e pós-graduação da Purdue para trabalhar conosco. Embora professores de todos os níveis costumem pedir que a turma trabalhe em grupos, a maioria dos estudantes nunca aprendeu a fazer isso de maneira eficaz – nem os professores realmente sabem ensinar essas competências.

Nosso trabalho não se limitou aos Estados Unidos. A partir de 2014, organizações na Austrália, no Canadá, no México e na Europa começaram a nos procurar e demos início às nossas viagens ao exterior para compartilhar as lições que estávamos aprendendo a projetar com o propósito de orientar colaborações complexas. Ficamos entusiasmados ao ver que, embora o contexto nacional ou cultural faça diferença no modo como as conversas são moldadas, as habilidades básicas necessárias para uma colaboração eficaz entre redes são as mesmas. Enquanto isso, a demanda por novas formas de trabalhar em conjunto continuava crescendo. Mais de 3 mil participantes de 145 países se inscreveram para nossos primeiros cursos *on-line* abertos e mais completos Cursos *On-Line*, Abertos e Massivos (Massive Open Online Courses – MOOCs) no ano passado.

À medida que nosso trabalho nos Estados Unidos e em todo o mundo começou a aumentar, percebemos que precisávamos de um modelo para dimensionar a expansão dessa disciplina. Optamos por expandi-la formando uma rede internacional de faculdades e universidades comprometidas com a utilização e o ensino das novas habilidades. Seguindo os modelos emergentes de desenvolvimento de código aberto, formamos um instituto sem fins lucrativos para gerir uma rede crescente de instituições de ensino equipadas para ensinar essa nova disciplina. Faculdades e universidades afiliadas assumem o compromisso de trabalhar por meio do Instituto Strategic Doing para compartilhar o que estão aprendendo, trocar currículos e aprimorar a disciplina.

A Purdue é o membro fundador da rede, porque a universidade vê esse tipo de trabalho como parte de sua missão como instituição *land grant**. Enquanto os Estados Unidos se industrializavam no século XIX,

---

* Uma universidade *land grant* (universidade de "concessão de terras" em sentido literal) é uma instituição que repassa os benefícios concedidos pelo Estado a ela para auxiliar no desenvolvimento de suas instalações e financiar seus projetos de pesquisa, ensino e extensão. (N. do T.)

o Congresso percebeu a necessidade de criar um novo tipo de instituição educacional. Até os anos 1860, a educação superior nos Estados Unidos estava dominada por universidades privadas filiadas a diferentes denominações religiosas (pense em Harvard, Yale, Princeton). A Lei Morrill de 1862, assinada pelo presidente Lincoln, abriu a porta para algo diferente. Ela possibilitou concessões de terras a estados que estivessem dispostos a construir e subsidiar novas instituições de educação superior. Os estados da união poderiam receber uma concessão federal de terras, vender a terra e criar uma dotação para abrir uma nova universidade. Mas havia algumas condições: o Congresso determinou que as instituições abertas com a ajuda da Lei Morrill se concentrassem no ensino de disciplinas práticas nas áreas de agricultura, engenharia, ciência e ciência militar. Em outras palavras, a concessão de terras a universidades *land grant* tinha como foco o desenvolvimento de novos conhecimentos e a tradução desse conhecimento em aplicações práticas. Não surpreende, ao compreendermos essa história, que a Purdue tenha incubado o desenvolvimento do Strategic Doing por mais de uma década.

SEUS GUIAS PARA ESTE LIVRO

Cinco membros da equipe principal do Strategic Doing são autores deste livro. Cada um de nós é, ao mesmo tempo, praticante do Strategic Doing e professor, ajudando outros a dominar as habilidades que descrevemos aqui. Juntos, vamos ajudá-lo a entender essas novas habilidades e como podemos aplicá-las, tanto individualmente quanto em nossas equipes. Vamos apresentar um pequeno histórico sobre nós, seus guias.

Ed Morrison é diretor do Laboratório de Strategic Doing da Universidade Purdue. Ele começou sua carreira em Washington, D.C., onde foi assistente legislativo de um congressista de Ohio, advogado do Escritório de Planejamento de Políticas Públicas da Comissão Federal de

Comércio e membro do Comitê de Política Democrática do Senado, onde se concentrou na legislação referente a impostos, comércio e competitividade. Depois de deixar Washington, ingressou em uma firma de consultoria em estratégia corporativa, onde conduziu estudos de estratégia para grandes companhias como Ford, Volvo e General Electric. Após trabalhar como consultor de estratégia corporativa, Ed prestou consultoria para comunidades e regiões sobre como enfrentar os desafios complexos de construir uma próspera economia em uma era de globalização. Frustrado com as abordagens existentes para essas questões, começou, há mais de vinte e cinco anos, a trabalhar em uma nova metodologia – processo que levou ao Strategic Doing. Em 2005, Ed começou a trabalhar na Universidade de Purdue para aprimorar a disciplina e ensiná-la a outras pessoas.

Scott Hutcheson é diretor associado do Laboratório de Estratégica Ágil da Purdue e membro da Escola de Tecnologia da Engenharia da Purdue. Como catedrático, Scott levou o movimento Strategic Doing para a sala de aula, e ele encabeça um crescente portfólio de pesquisa e ministra cursos de graduação e pós-graduação de agilidade estratégica e liderança colaborativa. Começou sua carreira na Purdue, como profissional de recursos humanos, explorando como construir colaborações complexas entre a universidade e as comunidades que ela beneficia, e fez parte da equipe original de lançamento do Centro de Desenvolvimento Regional de Purdue. Tem trabalhado com frequência em organizações sem fins lucrativos, universitárias e de negócios. Antes de vir para a Purdue, Scott ocupou cargos na United Way*, de Indiana Central, e na American Airlines.

Liz Nilsen é diretora sênior de programas do Laboratório de Strategic Doing da Universidade Purdue. Orienta o crescimento do Strategic

---

* Entidade beneficente do estado de Indiana. (N. do T.)

Doing, gerenciando a rede de faculdades e universidades afiliadas que ensinam o Strategic Doing em programas de graduação, pós-graduação e educação executiva. Também lidera o desenvolvimento de novas contribuições e supervisiona a sequência de treinamento que usamos com a faculdade e os praticantes de Strategic Doing no mundo inteiro. Tem liderado o trabalho do laboratório na transformação da gradução em engenharia, assim como nosso trabalho com a NASA. Antes de chegar à Purdue, Liz fez parte de uma iniciativa para incorporar inovação e empreendedorismo na graduação em engenharia. Sob sua orientação, 50 equipes universitárias de todos os Estados Unidos aprenderam Strategic Doing e usaram a disciplina para lançar mais de 500 iniciativas de colaboração em menos de três anos (você lerá mais sobre esse projeto mais adiante). Liz tem uma extensa formação em educação superior e começou sua carreira atuando em gestão sem fins lucrativos.

Janyce Fadden é diretora de engajamento estratégico da Universidade do Norte do Alabama (UNA – University of North Alabama). É a principal arquiteta do Projeto de Mudança de Shoals, uma iniciativa de inovação multifacetada na região de Muscle Shoals, no Alabama. Esta iniciativa, baseada no Strategic Doing, está desenvolvendo um ecossistema empresarial dinâmico em uma região que tradicionalmente não está associada à inovação, com exceção da indústria da música.* Antes de chegar à UNA, Janyce comandou o Conselho de Desenvolvimento Econômico da Área de Rockford (no Illinois) por quase uma década. Nessa posição, orientou o desenvolvimento de uma série de iniciativas estratégicas para construir o *cluster* aeroespacial da região, duto

* Um estúdio de gravação montado na pequena cidade de Muscle Shoals, no Alabama, tornou-se uma das mecas para artistas do *rhythm* e *blues*, do *rock* e do *pop* nas décadas de 1960 e 1970. A região ainda conserva um peso icônico no universo da música. (N. do T.)

alimentador de força de trabalho e de fluxo de talentos, além de redes de apoio ao empreendedorismo. Janyce também possui uma extensa experiência no setor privado: atuou como diretora de *marketing* na Honeywell; como presidente da Leeds and Northrup, uma divisão da General Signal; e como vice-presidente e gerente geral em duas divisões da Danaher Corporation.

Nancy Franklin lidera a Franklin Solutions, uma firma de consultoria que orienta líderes em universidades, agências do governo e organizações comunitárias em iniciativas estratégicas, inovação e iniciativas de mudança. É líder nacional em iniciativas de engajamento universitário em que as universidades constroem colaborações complexas com as comunidades que atendem. Anteriormente, ela havia liderado iniciativas estratégicas na Penn State, na Virginia Tech e na Universidade Estadual de Indiana. Nancy usa o Strategic Doing para trabalhar além das fronteiras organizacionais, desenvolvendo objetivos compartilhados e executando estratégias eficazes. Ela implantou o Strategic Doing em numerosos cenários, incluindo o desenvolvimento regional, as parcerias entre ensino superior e comunidade e a inovação na cadeia de suprimento corporativa.

Livros escritos por mais de uma pessoa enfrentam o desafio singular de decidir que palavras usar ao descrever as experiências dos membros da equipe. Neste livro, em geral usamos apenas o pronome "nós", embora em alguns casos (incluindo os estudos de caso que descrevem iniciativas em que pelo menos um de nós esteve diretamente envolvido) identifiquemos exatamente qual de nós estava envolvido.

POR QUE ESTE LIVRO?

Os modismos vêm e vão. Quer se trate do mais recente modelo de gestão ou do mais novo livro de liderança, todos nós temos visto novas ideias que acabam sendo apenas fogo de palha. Como esperamos já tê-lo convencido, os profissionais e pesquisadores comprometidos com o Strategic Doing são diferentes. Estamos comprometidos com uma nova disciplina de estratégia criada especificamente para redes abertas e pouco conectadas. Estamos empenhados em melhorar continuamente essa disciplina por meio de testes e avaliações rigorosos. Por fim, estamos comprometidos com a transformação. As instituições econômicas, sociais e políticas no coração de nossas economias desenvolvidas precisam desesperadamente de uma reformulação. Há muito tempo está claro que projetar essas transformações exigiria nossa colaboração. Para a maioria das pessoas, no entanto, "colaborar" é apenas uma palavra usada para disfarçar a série habitual de reuniões intermináveis e ineficazes. Não precisa ser assim.

Para desvendar essas ideias, o livro está organizado em três seções:

Você Está Aqui: antes de apresentar as habilidades, é importante entender a natureza de nossos desafios, como o mundo está fundamentalmente mudado, as implicações que isso tem para a estratégia e as mudanças que nós mesmos precisamos fazer. Sabemos que alguns vão pular direto para os capítulos das habilidades, mas achamos que você vai aproveitá-los muito mais se entender *por que* essa abordagem tem de ser diferente das metodologias tradicionais.

As Dez Habilidades Práticas do Strategic Doing *para uma Liderança Ágil:* em um conjunto de capítulos, vamos revelar cada uma das dez habilidades. Além disso, forneceremos algumas orientações sobre como você pode começar a usar a habilidade e também ilustraremos como ela foi decisiva em determinada situação de um estudo de caso (embora existam pessoas usando essas habilidades no mundo inteiro, cada estudo de caso foi extraído de uma situação em que um de nós esteve diretamente envolvido). Mesmo se o seu desafio ou sua organização sejam diferentes dos que descrevemos, esperamos que o exemplo o ajude a ver como a habilidade pode ser adaptada a cenários específicos.

Dez Habilidades. Entendi. E Agora? Não queremos apenas deixar você com uma lista de dez "tarefas". Nessa seção final, mostraremos como as habilidades podem ser combinadas para amplificar sua eficiência e, de um modo mais geral, como usá-las em diferentes tipos de contexto.

Neste livro, pretendemos mostrar que a colaboração – e o potencial humano que ela liberta – emerge de um portfólio de habilidades que pode ser amplamente distribuída dentro de uma equipe de indivíduos. Toda pessoa comprometida com uma colaboração pode entender e praticar essas habilidades. Ao mesmo tempo, podemos também reconhecer que ninguém será igualmente bom em todas elas. À medida que uma colaboração avança, por meio de um ciclo previsível, da geração à implementação e avaliação da ideia, os membros da equipe aplicam diferentes habilidades. As virtudes de uma equipe emergem à medida que a liderança é transmitida com base nos pontos fortes de cada indivíduo. O objetivo deste livro é ajudá-lo a reconhecer essas habilidades e onde estão seus pontos fortes (assim como suas limitações). Queremos que você se torne um líder mais eficiente *e* um participante da equipe.

NOSSO CREDO

Há mais de dez anos, um pequeno grupo de profissionais, que chamamos de equipe principal, se reúne de três a quatro vezes por ano para compartilhar o que aprendemos e explorar como melhorar a disciplina. Na verdade, colocamos em prática um Fazer Estratégico *sobre* o Strategic Doing. Em um desses encontros, decidimos ir um pouco mais longe. Esboçamos um credo (que significa "eu creio" em latim) como uma simples declaração do que nos motiva a fazer este trabalho.

Queremos apresentar esse credo logo para que você possa entender a profundidade do compromisso que nos levou a escrever este livro. Acreditamos que as obrigações expressas nesse credo podem se estender a todos os indivíduos em nossa sociedade e ao governo, aos negócios e às organizações sem fins lucrativos:

- Acreditamos que temos a responsabilidade de construir um futuro próspero e sustentável para nós e para as gerações futuras.
- Nenhum indivíduo, organização ou lugar pode construir esse futuro sozinho.
- Colaborações abertas, honestas, focadas e atenciosas entre diversos participantes é o caminho para alcançar resultados claros, valiosos e compartilhados.
- Acreditamos em fazer, não apenas em falar – e em um comportamento alinhado com nossas crenças.

Para nós, o credo é uma declaração de valores compartilhados que podem nos ajudar a superar os silos que enfraquecem nossa criatividade. É uma declaração de nossa interdependência.

PÓS-ESCRITO

Ao ler sobre as diferentes habilidades, alguns podem estar se perguntando se há pesquisas subjacentes apoiando nosso trabalho. O Strategic Doing surgiu do trabalho de campo realizado com centenas de grupos e milhares de participantes ao longo de vinte e cinco anos. À medida que fomos moldando a disciplina em torno de dez habilidades básicas, de colaboração complexa, os acadêmicos que há entre nós começaram a pesquisar a literatura para entender por que tais habilidades são tão eficientes. Vimos que a pesquisa acadêmica existente dá suporte ao desenvolvimento de cada uma dessas dez habilidades mas também que, até agora, ninguém tinha conseguido juntar todas as peças do quebra-cabeça. Isso não causa espanto porque a pesquisa acadêmica não está centralizada em nenhuma disciplina, abrangendo, ao contrário, várias áreas, incluindo a psicologia cognitiva, a gestão estratégica e a economia comportamental. Faremos referência a essa pesquisa ao longo do livro, embora ela tenha sido escrita mais para profissionais que para acadêmicos. Se quiser consultar uma fonte específica para uma maior compreensão, você encontrará referências completas na seção "Saiba Mais", que aparece no final do livro e está organizada pelos capítulos.

NOTA

1. "Strategic Doing" é marca registrada. Sem dúvidas ficaria cansativo insistir em lembrar os leitores deste fato trazendo a sigla "TM" [*trademark*] ao lado da palavra do início ao fim do livro. Assim, chamamos atenção para o fato logo no início, pelas habituais razões legais, mas logo depois o omitimos.

Capítulo 1

VOCÊ ESTÁ AQUI

OS DESAFIOS QUE ENFRENTAMOS

Vamos começar com um caso imaginário. Suponha que você e seu cônjuge sejam pais de dois filhos adolescentes, um menino e uma menina. Você tem duas semanas no verão para tirar férias. Como planeja isso? Há duas maneiras de tomar a decisão. Na opção A, você e seu cônjuge simplesmente decidem que vão passar duas semanas no Grand Canyon e que seus filhos não têm que opinar sobre o assunto. Você tomou sua decisão analisando cuidadosamente os aspectos sobre o período da viagem e o orçamento. Tudo que resta é avisar sobre sua ideia e partir.

A opção B pode ser chamar a família para uma conversa com o objetivo de explorar as opções. Seu filho pode querer ir para Charlottesville, na Virgínia, e para Washington D.C. porque está interessado em aprender mais sobre Thomas Jefferson. Sua filha, por outro lado, se interessa por genealogia e quer visitar a avó em Cincinnati e aprender mais sobre as origens da família. Seu cônjuge, em contrapartida, sugere uma viagem para Seattle, pois nenhum de vocês jamais esteve no Noroeste Pacífico. Você preferiria uma viagem para Boston e Maine, onde poderia, entre outras coisas, apresentar a família ao prazer de comer uma lagosta. Diante de todas essas opções, como você decide? É provável que convocasse a família para uma conversa, ou talvez várias, para ver se conseguiria apresentar um plano que fosse pelo menos aceitável por todos.

Um ganhador do Prêmio Nobel, Herbert Simon, chamou essa segunda abordagem de *satisfatória*, uma combinação dos verbos "satisfazer" e "bastar". Isso significa pesquisar as opções disponíveis e descobrir uma solução que atenda a um limite mínimo de aceitabilidade, uma opção de férias que seja "suficientemente boa" para satisfazer a todos. Compare essa abordagem com a opção A, que é mais uma decisão de comando-e-controle com uma pessoa responsável por tomar as decisões, em tese, com a posse de todos os fatos relevantes, tomando uma decisão racional.

A opção B demanda conversas mais profundas e uma aceitação da ambiguidade – é esse o ponto. Planejar férias em família é um projeto complexo sem uma resposta única, simples e racional. Cada um de nós tem uma ideia diferente sobre as férias ideais. Temos muitas opções do que poderíamos fazer. Não há como colocar todos esses fatores em uma equação e chegar a uma resposta ideal. Em vez disso, aprendemos a improvisar uma solução satisfatória.

Como mostra nosso exemplo de férias em família, a maioria de nós tem alguma experiência com problemas complexos. Temos alguma experiência direta tanto com a satisfação quanto com a confusão. Esses são conceitos úteis quando há relativamente poucas pessoas envolvidas. Mas o que acontece quando dezenas ou centenas de pessoas estão envolvidas? Existe uma complexidade real e a maioria de nós não tem experiência para lidar com isso.

No fundo, é esse o problema que enfrentamos em Oklahoma City no início dos anos 1990: como tomar decisões acerca de prioridades envolvendo muita gente se ninguém puder dizer ao outro o que fazer?

Como podemos fazer escolhas sensatas? Se nenhuma pessoa (como por exemplo o prefeito) ou nenhuma organização (como a Câmara de Comércio) pode tirar Oklahoma City de seu colapso econômico, o que devemos fazer?

Mesmo hoje, empresas, organizações e comunidades que enfrentam desafios complexos ainda tentam escolher a opção A. Tentam encontrar uma resposta racional analisando dados – *muitos dados.* Quando uma resposta visivelmente racional é determinada por uma parcela do grupo (para ser justo, em geral, eles também incluíam alguma maneira de um maior número de pessoas declararem suas preferências), eles a anunciam e esperam que todos os outros a sigam. Isso é parte da abordagem tradicional do *planejamento estratégico.* Mas como muitos dos que já participaram de uma comissão de planejamento estratégico poderão atestar, essa abordagem se torna cada dia mais impraticável (explicaremos por que mais à frente, ainda neste capítulo).

Empresas enfrentam problemas todos os dias. Como então elas conseguem aumentar a agilidade de suas organizações? Mudanças rápidas nas demandas do consumidor, nas tecnologias, nas regulamentações e na concorrência desafiam a capacidade de responder e se adaptar com rapidez. Contudo, a maioria das empresas sofre com a rigidez. A maioria está estruturada ao redor de funções, como *marketing* e finanças; a inovação, no entanto – a força vital de qualquer negócio – não é englobada por nenhuma dessas funções. As descrições do cargo podem proporcionar clareza aos empregados, mas também delimitam as contribuições do funcionário com novas ideias. Os sistemas de qualidade proporcionam estabilidade a produtos existentes, mas não encorajam as atitudes experimentais necessárias para descobrir "o que vem depois". Medo e aversão ao risco sufocam com muita frequência o pensamento novo. Em vez de adotar novas ideias, muitas empresas têm um sistema imune que é programado para matar tais ideias. Como um dos principais gerentes de uma das 100 empresas da *Fortune* nos perguntou: "Como posso fazer com que dez mil funcionários sejam mais inovadores?". Sem dúvida, é um desafio complexo.

Os desafios enfrentados por organizações sem fins lucrativos não são menos assustadores. À medida que as discrepâncias de renda aumentam, as demandas por serviços sociais ficam maiores, mas os recursos não acompanham o ritmo. Qual é o resultado disso? Gestores de organizações sem fins lucrativos passam a enfrentar uma concorrência maior por financiamento, enquanto os financiadores (tentando encontrar uma forma coerente de alocar recursos) exigem cada vez mais em termos de métricas e responsabilidade. Sem conseguir uma maneira de gerenciar essa complexidade, esses fatores acabam sendo um terreno fértil para o esgotamento pessoal e profissional. Gestores de universidades estão em um cenário parecido. O papel da universidade na economia do conhecimento tem mudado rapidamente à medida que o financiamento público diminui e novas tecnologias de aprendizagem e demandas de mercado em constante mudança colocam diferentes pressões sobre as instituições de ensino superior.

Trazendo para mais perto de casa, pense em alguns dos problemas que nossas comunidades enfrentam. Nossos amigos em Flint se depararam com o colapso simultâneo da segurança pública (sob a forma de um departamento de polícia severamente enfraquecido) e da saúde pública (o colapso do sistema de água da cidade). De uma ponta a outra dos Estados Unidos, o vício em drogas, sobretudo em opioides, mata cerca de 65 mil norte-americanos por ano (aproximadamente 180 pessoas por dia), afetando todas as comunidades. A epidemia da violência armada mata cerca da metade do número de pessoas que morrem por overdose, mas os números ainda são impressionantes: cerca de 38 mil norte-americanos morrem por ano em razão de ferimentos por armas de fogo (um terço por homicídios, dois terços por suicídios).

Dê agora um passo para atrás e pense como um cidadão global. A mudança climática está tomando proporções maiores. É esperado que a população global aumente para 9,8 bilhões de pessoas até 2040. A demanda por energia terá aumentado mais de 50% em 2040. Precisaremos aumentar em 60% a produção de alimento em 2050 se a população global crescer como se prevê hoje. Teremos de responder com rapidez a algumas perguntas pertinentes:

- Como podemos assegurar que as pessoas tenham acesso a água potável sem que haja conflito?
- Como nossas demandas por energia e alimentos podem ser atendidas?
- Como reduzimos as ameaças de terrorismo e o uso de armas de destruição em massa?
- Como podemos lidar com a mudança climática?

Todos esses desafios são assustadores, em grande parte porque estão incorporados a *sistemas adaptativos complexos*. Um sistema complexo é um sistema em que muitos componentes independentes (ou "agentes") interagem entre si. Ao fazer isso, aprendem ou se adaptam em resposta a essas interações. Exemplos de sistemas complexos vão de células individuais a cidades, a ecossistemas, ao clima e, de fato, ao nosso universo. Tais sistemas são difíceis de modelar, porque há muitos agentes diferentes criando uma variedade incompreensível de interações. Embora cientistas estejam estudando sistemas complexos há muito tempo, foi só a partir da criação do Instituto Santa Fé, em 1984, que o estudo de sistemas complexos estabeleceu-se como um campo de pesquisa independente. Os estudiosos do instituto forneceram as diretrizes intelectuais para os profissionais explorarem a colaboração complexa de um modo prático.

O fato é que estamos ficando sobrecarregados por desafios que residem em sistemas complexos desse tipo, mas muita gente está abordando os desafios com disciplinas e mentalidade desenvolvidas décadas atrás. Não é de admirar que a segurança e a confiança que, em geral, depositamos nas instituições – empresas, agências de governo, organizações sem fins lucrativos, instituições de ensino superior e organizações que tenham como base a fé – tenham se desgastado?

Há alguns anos, Horst Rittel e Melvin Webber escreveram um artigo estabelecendo o conceito de "problemas graves". Eram problemas difíceis ou impossíveis de resolver porque nossas informações eram incompletas ou contraditórias. Além disso, as condições estavam mudando constantemente. Em razão das interdependências dentro dos sistemas complexos que dão origem a problemas graves, um esforço para resolver um problema pode dar origem a outros. Podemos rapidamente criar "consequências indesejadas". Não existe solução simples para um problema grave. As soluções propostas não são totalmente certas nem completamente erradas, e cada problema grave é único.

A questão é simplesmente esta: em nossas famílias, organizações e comunidades nos deparamos cada vez mais com esses problemas complexos, "graves". Contudo, não evoluímos em nosso modo de pensar ou não desenvolvemos até agora novos protocolos ou abordagens para tratar desses problemas complexos. Sabemos que uma única organização ou um indivíduo sozinho não consegue resolver um problema complexo. De fato cada solução que desenvolvemos é temporária – quando as condições inevitavelmente mudarem, teremos de nos ajustar.

O QUE, EXATAMENTE, MUDOU?

Os desafios que descrevemos anteriormente são críticos, mas se não compreendermos a dinâmica fundamental da mudança em nosso mundo nos perderemos no caminho para lidar com ela. Há algo acontecendo que é facilmente esquecido, ou que pelo menos, faz parte da nossa realidade diária e que por isso deixa de chamar nossa atenção.

Há pouco tempo a maior parte das pessoas no mundo vivia em pequenos grupos de famílias extensas – muitas em fazendas, outras no que hoje chamaríamos de "pequenos negócios". Havia um ritmo de previsibilidade na vida, muitas vezes organizado em torno das estações, e cada família – em grande parte – tomava suas próprias decisões sobre quais atividades precisavam ser realizadas e quando elas deveriam ser feitas para garantir o bem-estar de todos.

Em meados do século XIX, isso começou a mudar, em especial no Ocidente. Novas máquinas tornaram possível a produção de coisas que as pessoas precisavam ou queriam – roupas, equipamentos agrícolas, comidas processadas – muito mais rápido do que jamais fora feito antes. Em torno dessas novas tecnologias, formaram-se empresas que começaram a atrair pessoas para trabalhar nas cidades criando esses novos bens. Essa "revolução industrial" abriu novas possibilidades – jovens puderam aprender uma série de técnicas, progredir e levar uma vida muito diferente do que teria sido possível na fazenda.

Mas, como acontece com a maioria das grandes transições, houve um conflito de escolha (*trade-off*). Esses novos empregos não vinham com a mesma liberdade de organizar os próprios dias, semanas e meses. Havia um supervisor a quem responder. E logo esses supervisores estavam dando ouvidos a um novo tipo de especialista, um "consultor de gerenciamento" que falava sobre "eficiências" e cronometrava cada parte do trabalho, encontrando maneiras de economizar até mesmo centésimos de segundo de cada componente de uma tarefa, de modo a maximizar os lucros.

Cada trabalhador tinha um supervisor, que também tinha seu próprio supervisor, e depois disso havia ainda *outro* supervisor. Essa estrutura – a *hierarquia* – passou a caracterizar o mundo do trabalho (além de muitas outras esferas). Havia quadros que explicavam com detalhes quais pessoas tinham autonomia para dizer o que outras poderiam fazer, e tínhamos uma boa noção de como as coisas funcionavam na empresa olhando para um desses novos "organogramas".

A hierarquia não era exclusividade das fábricas. A indústria cinematográfica na primeira metade do século XX é um bom exemplo de como uma hierarquia funcionava. Quando um estúdio decidia fazer um filme, recorria a uma equipe completa de profissionais para tornar o filme realidade. Diretores, produtores, cenógrafos, serviços de alimentação – inclusive os atores e os gestores dos teatros onde eles atuavam – eram todos empregados pelo estúdio e informados exatamente do que podiam e do que não podiam fazer.

A hierarquia permitia que os estúdios controlassem cada aspecto do processo de produção do filme.[1] Por exemplo, o filme *David Copperfield*, de 1935, envolveu cerca de 70 pessoas – quase todas empregadas pela MGM em uma estrutura muito parecida com a que vemos na Figura 1.1. Na verdade, o sistema era tão lucrativo que os estúdios lançavam cerca de 700 filmes *por ano* na década de 1920.

É evidente que a hierarquia tinha vantagens definidas. O segredo da produtividade estava em controlar as linhas de comunicação, e o "organograma" descrevia essas linhas com grande detalhamento.

Mas provavelmente *David Copperfield* não levaria muita gente aos cinemas nos dias de hoje. O que aconteceu?

Em uma palavra – televisão. De repente as pessoas não precisavam mais ir ao cinema para se divertirem; todas as noites elas podiam assistir histórias na caixa localizada na sala de estar. Se quisessem sobreviver, os filmes teriam de ser diferentes para atrair a audiência: novas tecnologias, efeitos especiais, filmagem em locais exóticos. E a televisão não seria a última mudança vivida pela indústria do cinema, mesmo que a transição ficasse clara apenas décadas depois. Agora já não é apenas a caixa em

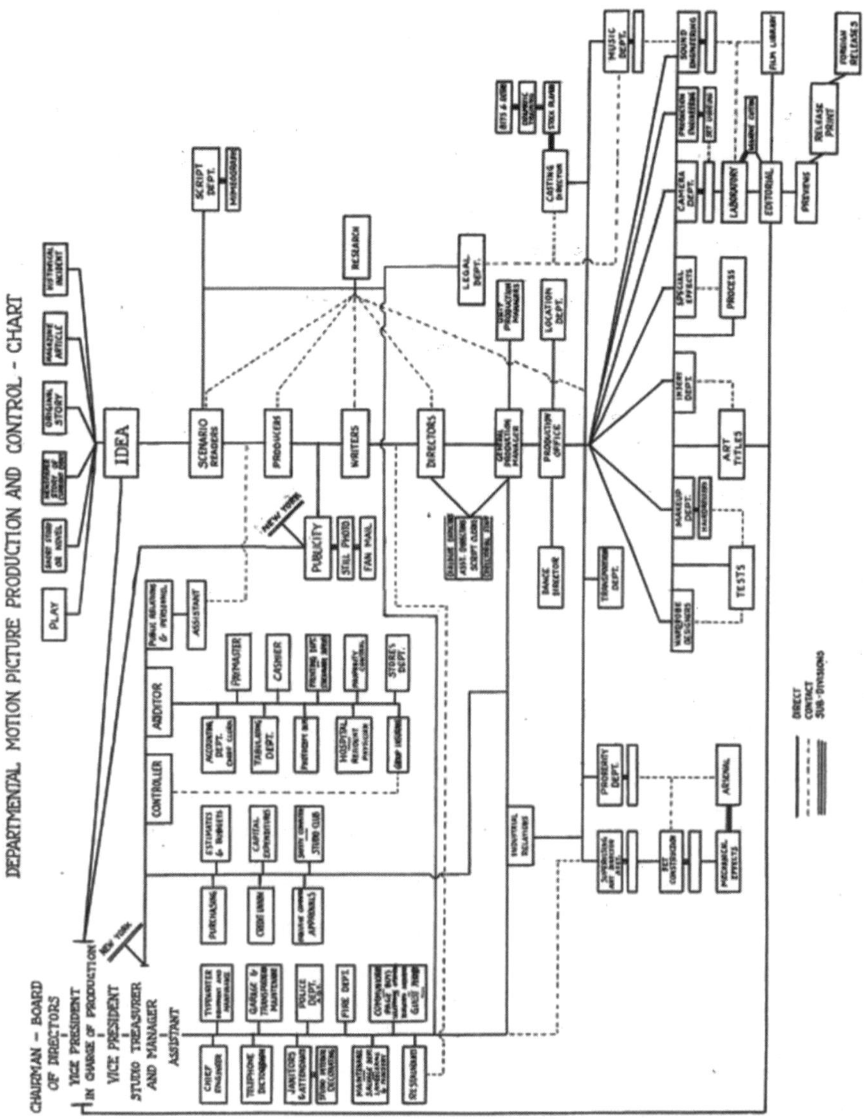

Figura 1.1 Twentieth Century Fox Film Corporation, mapa de produção dos anos 1940.

Fonte: Twentieth Century Fox, documento não publicado, s/d.

nossa casa, mas também o *tablet* que levamos no avião e a pequena tela que colocamos no bolso (e sem nenhuma dúvida haverá mais veículos para nos entregar boas histórias no futuro). Canais na TV aberta, canais a cabo, serviços de *streaming* e até indivíduos com apenas uma câmera de vídeo e um canal no YouTube – tudo pode entregar uma história cativante a uma comunidade de telespectadores interessados.

Os filmes ainda estão entre nós, mas os estúdios tiveram de fazer mudanças em seus planos de negócios de uma maneira muito significativa para competir pela nossa atenção. Um exemplo mais ou menos recente, *O Hobbit*. Como *David Copperfield*, a franquia *Hobbit* também é um produto da MGM mas, como acontece com a maioria das produções hoje, ao assistir um dos filmes que constituem a franquia, vemos os nomes de várias empresas nos créditos de abertura: neste caso, outras três produtoras. Cada uma desempenhando uma função diferente para levar a história de J. R. R. Tolkien para a tela do cinema. Ian McKellen e Martin Freeman, dois dos atores principais, podem trabalhar no estúdio que quiserem e ditarem os termos de seus trabalhos. Algumas empresas que trabalharam nos filmes podem nem aparecer na sequência de abertura, mas poderemos identificar mais de 60 delas nos créditos que aparecem em letras pequenas no final do filme. O orçamento de *O Hobbit* foi de aproximadamente 745 milhões de dólares, e esse valor pagou milhares de pessoas (mais de 2.700 apenas no primeiro filme) para trabalhar por mais de sete anos nos filmes da franquia – mas pouquíssimas delas atuaram realmente como funcionárias da MGM.

Seria necessário muito papel para reproduzir o organograma de *O Hobbit* – e não se pareceria muito com o exemplo mostrado anteriormente. Em vez de hierarquias, agora a indústria cinematográfica está organizada em torno de redes. Em cada filme, o estúdio reúne os parceiros, atores e empreiteiros necessários para aquele projeto específico. Alguns podem já ter trabalhado juntos, outros podem ser novos. E quando o filme "enrola", essa constelação particular de pessoas e organizações jamais voltarão a trabalhar juntas. Isso dá certo? Tire sua própria conclusão: no caso dos filmes *Hobbit*, o investimento de 745 milhões de dólares resultou em uma receita de mais de 3 bilhões – um retorno muito bom.

Assim como as hierarquias não se limitavam às fábricas, as redes não se limitam à indústria do cinema. Estão sempre à nossa volta e se tornaram a principal estrutura organizacional por trás da maioria dos bens que compramos, dos serviços que usamos e dos locais onde trabalhamos, vivemos e nos divertimos. Pouquíssimas coisas em nosso mundo complexo podem ser realizadas por um único indivíduo ou empresa trabalhando de forma isolada.

O que é uma Rede?

Embora o exemplo do *Hobbit* esboce em linhas gerais uma rede em ação, queremos ser um pouco mais precisos sobre o que é uma rede. Uma rede (ver Figura 1.2 para uma representação visual) tem várias características importantes:

- Forma-se em torno de um conjunto de ativos ou recursos. Esses ativos podem assumir muitas formas: um local físico, uma tecnologia específica, até mesmo um conjunto intangível de ideias que as pessoas tenham em comum. Muitas vezes chamamos este conjunto de ativos de *hub* [centro] da rede.
- Geralmente, há um conjunto de pessoas que estão mais próximas do centro. Podem ser as pessoas que formaram a rede inicial. A comunicação é mais fácil dentro desse *núcleo*, sobretudo se elas estão geograficamente no mesmo local.
- Há outras pessoas que têm ligações mais fracas. Elas podem não estar conectadas diretamente ao centro, mas estão conectadas

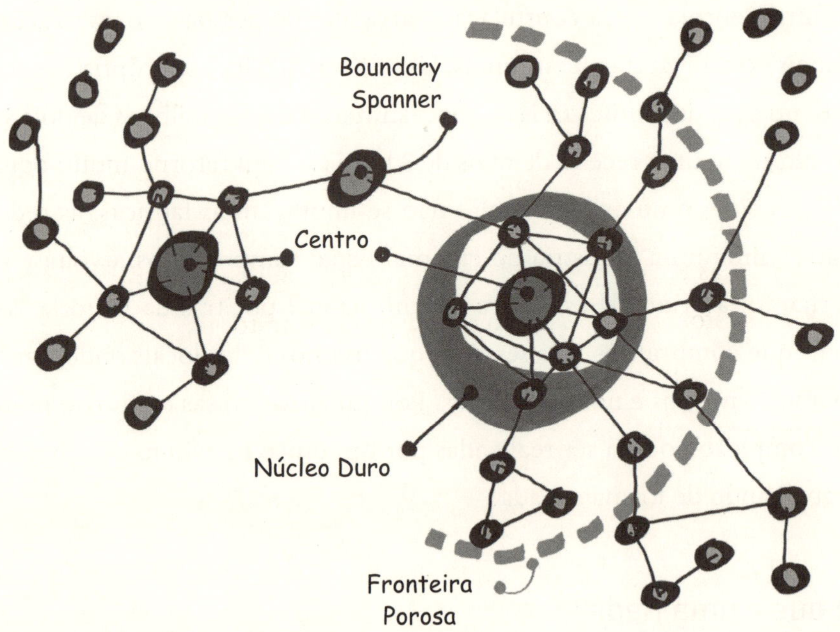

Figura 1.2 Estrutura da rede.

Fonte: Instituto Strategic Doing.

por meio de outra pessoa. É um desafio enviar uma mensagem para todas essas pessoas, principalmente para aquelas que estão em lugares distantes.

- A rede nunca é estática. Pode haver pessoas que começam no centro, mas depois se tornam menos conectadas, enquanto pode haver outras pessoas que, com o tempo, ficam envolvidas de maneira mais profunda. A fronteira dividindo quem está "dentro" e quem está "fora" da rede é uma fronteira porosa.
- Não existe "superior" ou "inferior" em uma rede. Não há nenhum indivíduo ou entidade que tenha autonomia para dar instruções acerca do que os membros devam fazer.

Muitas vezes, uma rede existe em relação a outras redes, porque há pessoas que fazem parte das duas. Chamamos essas pessoas de *boundary spanners*.* Essas outras redes podem ter alguns interesses em comum em certos aspectos, mas provavelmente em outros seus interesses estão bem menos alinhados. Se as redes precisam funcionar juntas em alguma medida, elas terão de encontrar um meio de alinhar seus recursos para que seus esforços não tenham objetivos contraditórios.

Tipos de Redes

Existem vários tipos de redes, cada uma com uma função específica. Algumas são *redes de defesa de direitos*, formadas por pessoas que trabalham para promover uma determinada causa ou ideia. Os membros não necessariamente se conhecem, mas todos são parte da rede em virtude de sua missão. *Redes de aprendizagem,* como associações de profissionais, se formam porque um grupo de pessoas deseja expandir seu conhecimento ou suas habilidades em uma determinada área. Pelo menos alguns membros se conhecem relativamente bem. Redes desse tipo são úteis para acelerar a aprendizagem de um indivíduo, mas a rede em que estamos realmente interessados é a *rede inovadora.* Tais redes são formadas por pessoas que uniram forças para *criar juntas um novo valor.* Elas são parecidas com a história infantil *Sopa de pedra,* na qual um cozinheiro esperto começa colocando uma pedra em uma grande panela com água e convida os vizinhos a acrescentarem o que tiverem. Um traz uma cenoura, outro joga uma batata, um terceiro tem um osso que sobrou

* *Boundary spanners* são indivíduos que desempenham a função de conectar uma organização (ou uma rede) ao seu ambiente externo. Uma tradução possível seria "contatos de limites", mas esse termo não é empregado no português. A expressão aparece sempre em inglês mesmo em textos escritos em português. (N. do T.)

com um pouco de carne ainda nele. No final da história, é claro, a panela está cheia com uma sopa deliciosa para todos comerem. Em uma rede inovadora, cada pessoa traz seus próprios recursos para a rede e juntas criam algo maior do que a soma de suas partes.

Um exemplo interessante de rede inovadora é o grupo de empresas que se reuniu para criar o que achamos ser produto de uma única empresa – o iPod. Embora a Apple estivesse com certeza no centro da rede, dezenas de outras instituições ajudaram em seu desenvolvimento, incluindo fabricantes de peças de *hardware*, distribuidores de música, *designers* de produto e muitos outros (um mapa dessa rede, de um dos primeiros iPods, está representado na Figura 1.3). O fundador da Apple, Steve Jobs, pode ter sido um gênio, mas parte de sua mágica esteve em selecionar os parceiros certos para lançar o iPod no mercado.

O *Habitat* das Redes

As redes estão em quase todos os ambientes possíveis. Algumas delas, como nos exemplos do iPod ou do *Hobbit*, reúnem empresas distintas para uma *joint venture* específica. Em uma escala muito maior, a União Europeia é uma rede de países, ou mais precisamente, de governos. Organizações sem fins lucrativos muitas vezes unem forças para trabalhar em uma fonte de preocupação comum a muitas pessoas ou para solicitar uma subvenção em conjunto.

Esses exemplos ilustram redes que cruzam fronteiras organizacionais. Nem todas as redes fazem isso – há também redes dentro de organizações isoladas. Diferentes unidades de uma companhia podem formar uma rede interna em razão de um determinado produto novo que requer as competências de cada unidade.

Às vezes, o que parece ser uma hierarquia é na verdade uma rede disfarçada. Pode haver um organograma, mas sem dúvida a situação real é que

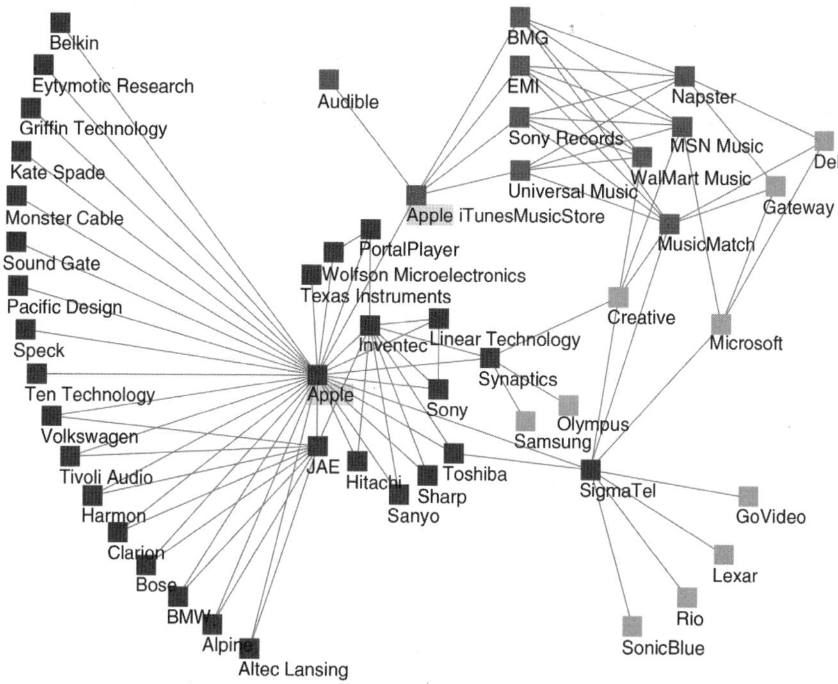

Figura 1.3 Mapa de rede do iPod, da Apple.

Fonte: Valdis Krebs, documento não publicado, s/d.

as pessoas têm bastante autonomia para decidir se devem fazer o que as que estão no topo querem que aconteça. As universidades são um exemplo desse fenômeno – o mandato indica que muitos indivíduos membros de uma faculdade podem (pelo menos a maior parte deles) decidir se e como apoiarão o conjunto mais recente de "prioridades estratégicas" do reitor.

Hierarquias, Redes e Estratégia

Essas duas estruturas organizacionais distintas – a hierarquia e a rede – têm implicações muito diferentes ao pensarmos sobre estratégia. Em uma hierarquia, o desafio é comunicar *o que fazer* e obter informações sobre os *resultados*.

Em uma rede, por outro lado, o desafio é conseguir que os recursos e esforços dos membros estejam alinhados com o objetivo em questão. A capacidade de executar uma certa estratégia em toda a rede pode ser uma demanda muito grande, mas só se os ativos da rede puderem ser organizados de maneira eficiente.

Isso é uma diferença fundamental – e exige que o pensamento do "fazer" estratégico seja feito de modo muito diferente. Uma rede por si só é um sistema complexo, que com frequência está operando dentro de um sistema ainda mais complexo – seja um ambiente industrial, um ecossistema regional, a educação superior ou a rede de influências que são parte de um desafio social específico.

No entanto, nossa primeira abordagem de estratégia – planejamento estratégico – ainda não se adaptou a essa enorme transição. Na verdade, acreditamos que não pode se adaptar (ao menos como tradicionalmente imaginamos a abordagem[2]). O planejamento estratégico tem suas raízes na Segunda Guerra Mundial, quando os líderes militares aprenderam a aplicar o pensamento sistêmico a problemas complexos, como a invasão da Normandia no Dia D. A abordagem então passou a ser utilizada pelas corporações no período pós-guerra. Nos anos 1960, a escola racional e linear de planejamento estratégico enraizou-se nos cursos de administração de empresas. Em outras palavras, a abordagem foi criada em uma era e para uma era em que a hierarquia era o paradigma organizacional dominante.

Como no caso da indústria cinematográfica, o planejamento estratégico funciona bem quando duas condições são atendidas. Primeiro, o ambiente deve ser visível e estável. Não sofrer grandes mudanças. Segundo, é necessário que haja uma estrutura de comando-e-controle implementada para facilitar a comunicação. Um pequeno grupo de líderes precisa ter certeza de que todos os outros seguirão seu comando. Em outras palavras, um pequeno grupo de pessoas no topo da organização pensa, e o resto da organização faz o que tem de ser feito.

A maior parte do mundo não funciona mais assim, o que é uma das principais razões pelas quais o planejamento estratégico é frequentemente ineficaz. Na realidade, o mundo está cada vez mais dominado – tanto por dentro quanto por fora de nossas organizações – *por redes abertas e pouco conectadas.* Ou seja, as redes são mais ou menos voluntárias na medida em que pessoas (ou organizações) se unem não porque todos fazem parte de uma única hierarquia, mas porque têm uma tarefa específica a cumprir que pode ser realizada melhor quando todos trabalham juntos. Tanto o exemplo da Apple quanto do *Hobbit* descrevem justamente essas redes.

A CURVA S

Um modo eficiente de conceituar uma alternativa ao pensamento estratégico tradicional é considerar a ideia do ciclo da vida. Usamos uma representação visual do ciclo da vida: a Curva S. Curvas S nos ajudam a compreender o que está acontecendo em vários pontos do ciclo – ou, em termos mais amplos, em qualquer processo de mudança. Você pode ver duas dessas curvas na Figura 1.4.

Curvas S explicam diversos tipos de mudança – como novas tecnologias entram no mercado e se desenvolvem, como empresas ou organizações se comportam ao longo de anos ou décadas e, até mesmo, vários processos biológicos, como o desenvolvimento humano. Em todos esses cenários, os eventos seguem uma progressão similar (observe uma única Curva S para seguir a sequência). No início, as coisas acontecem devagar. Apenas algumas pessoas compram o novo *gadget,* o negócio começa com uma pessoa trabalhando em esquema de *home office*; um bebê vem ao mundo como uma alma indefesa e dependente. Em seguida, há um período de crescimento rápido: o novo dispositivo "se torna viral", o novo negócio tem de se mudar para uma instalação destinada a ele e contratar

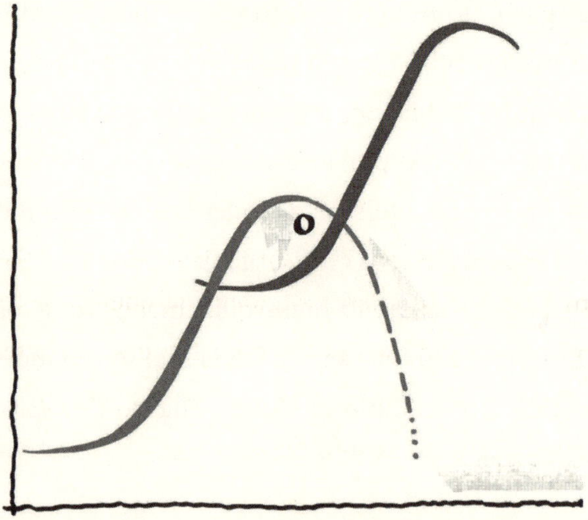

Figura 1.4 Curvas S.

Fonte: Instituto Strategic Doing.

funcionários, o bebê se torna uma criança e aprende a andar, falar e tomar suas próprias decisões. Por fim, o crescimento diminui de intensidade e há um período em que as coisas parecem ter atingido um platô: a maioria das pessoas tem um carro com GPS, o negócio tem uma clientela fiel que retorna com regularidade, o jovem tem uma carreira e se estabeleceu em uma cidade com sua própria família e amigos.

Se continuarmos olhando para a frente, veremos a parte final da Curva S, onde há um declínio: o *smartphone* torna o GPS do carro obsoleto, a pequena empresa não consegue acompanhar as compras *on-line* e o idoso precisa ir para uma casa de repouso.

Há três *insights* importantes que as Curvas S fornecem:

1. A mudança é constante e dinâmica.
2. Nada dura para sempre como o momento inicial.
3. O sucesso tem as sementes de sua própria destruição.

Se você estiver introduzindo uma tecnologia ou outra inovação, é muito importante compreender a Curva S. Por quê? Se sua organização estiver se aproximando do platô, você vai querer saber para poder tomar providências a fim de evitar a fase de declínio à medida que a curva começar a descer. O melhor cenário possível seria você aproveitar o crescimento na parte intermediária da Curva S e então, antes que houvesse o declínio do mercado, começasse a vender qualquer nova tecnologia que estivesse surgindo. Como mostra a Figura 1.4, essa nova tecnologia tem sua própria Curva S. Você quer pular da atual Curva S para um ponto anterior em uma nova. O mesmo princípio se aplica à maioria das áreas e indústrias, embora apesar de muito esforço (veja a criogenia), ainda não descobrimos um meio de idosos entrarem em novos corpos... ainda não!

Nosso modo de abordar a estratégia precisa, então, se concentrar neste desafio: como extrair recursos de nossas conquistas passadas e atuais (sejam tecnologias, competências, pessoas e assim por diante) e adaptá-los para que possam ter sucesso em novas circunstâncias?

Esse não é um desafio inconsequente – mudar de uma Curva S para outra inevitavelmente significa que, em algum ponto, você estará *entre* curvas – e pode ficar bastante arriscado e evidente, como o trapezista que tem que soltar uma barra antes de agarrar a próxima. Isso é verdade independentemente da configuração. No caso das empresas, significa investir um capital precioso em P&D de olho na "próxima coisa". Para muitas regiões, isso significa livrar-se da ideia de que recrutar uma nova e grande empresa, exatamente como aquela que fechou, é o segredo para voltar aos "bons tempos". Instituições educacionais de todos os níveis têm de enfrentar o fato de que nossos filhos e netos precisarão de um novo conjunto de habilidades para ter sucesso; e cursos, qualificações e salas de aula talvez precisem passar por uma mudança significativa.

Permanecer, no entanto, onde estamos significa que inevitavelmente – em algum momento – estaremos na inclinação descendente da curva.

Muito melhor, então, descobrir como navegar neste novo mundo e aprender as técnicas de estratégia em redes.

AS MUDANÇAS QUE PRECISAMOS FAZER

O que significa navegar dessa maneira pelas circunstâncias mutáveis? Antes de enfrentarmos os desafios do mundo "lá fora", cada um de nós precisa lidar com uma transformação mais pessoal. Para usar efetivamente as ferramentas de estratégia em um mundo em rede, precisamos alterar três coisas:

1. Precisamos pensar de maneira diferente.
2. Precisamos nos comportar de maneira diferente.
3. Precisamos "fazer" de modo diferente (que é, como veremos, diferente de nos comportarmos de maneira diferente).

Pensando de modo diferente

Primeiro, precisamos mudar o modo como pensamos sobre estratégia. Vamos começar com uma pergunta não tão simples: Afinal, o que é estratégia?

A palavra estratégia vem da palavra grega *straegia*, que significa literalmente "generalato". O primeiro significado de estratégia, então, era militar. O que fazia um general? Na guerra, ele era responsável pelas decisões sobre a quantidade e a distribuição das tropas a serem mobilizadas para lutar pelo maior número possível de vitórias. Essa decisão desencadeava, então, uma série de decisões menores sobre transporte, cronograma, armas ou outros suprimentos e assim por diante.

Dando um passo para trás, poderíamos definir o papel do general em duas perguntas: Para onde estamos indo? e Como vamos chegar lá? Com essa definição, pense nos planos estratégicos que você leu recentemente ou de cujo desenvolvimento participou. Muitos não respondem a uma ou as duas perguntas. Muitos refletem um acumulo de pensamentos sobre ambiente competitivo, visão e assim por diante, mas não se concentram nas atividades que estariam envolvidas para alcançar esses objetivos. Outros têm uma listinha de coisas a fazer, cronogramas e gráficos de projetos sem uma compreensão coerente de como eles se encaixariam em um quadro mais amplo baseado nas necessidades da comunidade, da organização ou do mercado. Sem responder àquelas duas perguntas do general, não podemos realmente dizer que um plano descreva uma estratégia – embora possa haver uma dose de boas reflexões que poderiam levar ao desenvolvimento do plano.

Se acabamos de mencionar como o mundo mudou, você pode estar se perguntando se uma antiga definição grega ainda faz sentido. A resposta é sim – para onde estamos indo? e como vamos chegar lá? são apenas uma reafirmação mais ampla do desafio do general. Contudo, há um alerta: embora o general grego sem dúvida assuma a responsabilidade pela maioria das decisões estratégicas, simplesmente não é possível, em um ambiente complexo caracterizado por redes, que um indivíduo desenvolva sozinho uma estratégia efetiva. A estratégia tem de ser um trabalho em equipe e, quanto mais complexo o ambiente, maior será o grupo – a rede – que precisará estar envolvido. Os fundamentos, no entanto, continuam os mesmos: a rede precisará tomar as decisões finais sobre para onde estão indo e como pretendem chegar lá.

O tamanho de uma rede reflete, até certo ponto, sua capacitação. Mais crítico, no entanto, é o número de conexões na rede. Pensemos no inventor do primeiro telefone, Alexander Graham Bell – se ele tivesse construído apenas um telefone, o aparelho não teria valor. O desenvolvimento de dois telefones teria sido um avanço, mas obviamente ainda bem longe do potencial da invenção. Com apenas cinco telefones, dez diferentes conexões já eram possíveis, e assim por diante[3]. Contudo, sua rede imediata não precisa ser imensa – não esqueça que cada rede também está conectada a outras redes por meio dos *boundary spanners*. Aproveitar esta capacidade para que sua rede não se reduza apenas a um hipotético potencial de impacto demanda algum tipo de protocolo para trabalhar em conjunto.

A palavra que frequentemente usamos para trabalho em conjunto é *colaboração*. Na verdade, se houvesse um concurso para escolher um termo que mais tivesse sofrido pelo uso exagerado, colaboração seria um dos candidatos mais fortes. Isso é válido tanto para o mundo corporativo quanto para movimentos sociais e sem fins lucrativos, em que os financiadores muitas vezes precisam de algum tipo de colaboração.

A *verdadeira* colaboração está na ponta de um *continuum* de esforços conjuntos. Quando as pessoas se reúnem, geralmente começam apenas trocando informações sobre quem são e o que fazem – muitas vezes chamamos isso de *rede*. O próximo passo, que demanda mais envolvimento, é a *coordenação*. Mudamos nossas atividades até certo ponto; por exemplo, movimentos sociais podem decidir agendar seus eventos de arrecadação de fundos em fins de semana diferentes. Mais adiante no *continuum* está a *cooperação*. Quando cooperamos, concordamos em compartilhar alguns recursos uns com os outros. Funcionários de um pequeno negócio podem decidir cooperar providenciando um sistema de coberturas mútuas para que possam, por exemplo, tirar férias todos os anos.

Todas essas atividades são boas – mas não são colaboração (embora possamos afirmar o contrário em uma apresentação!). Colaboração envolve vincular, alavancar e alinhar recursos de maneira a melhorar a capacidade um do outro para criar um resultado compartilhado, um benefício mútuo. Às vezes pode ser difícil afirmar se dois grupos estão em uma colaboração verdadeira. Além do tipo de trabalho que estão executando em conjunto, podemos fazer duas perguntas. Qual é o nível de confiança que os membros da rede têm entre si? E, inversamente, os membros da rede continuam pisando em ovos? Avançando ao longo do *continuum* rumo à colaboração, a confiança aumenta enquanto o pisar em ovos diminui. Compartilharemos muitos exemplos de colaborações verdadeiras nos próximos capítulos.

Para desafios realmente complexos, você precisará prestar atenção nestes dois condutores de desempenho: aumentar o tamanho da rede para que a capacidade dela aumente *e* seguir em direção a um trabalho verdadeiramente colaborativo. Nenhum dos dois acontece da noite para o dia, mas ambos serão cruciais para tratar de problemas verdadeiramente "graves".

Comportando-se de maneira diferente

Os homens que se reuniram em 1787, na Filadélfia, tinham um problema grande e complexo nas mãos. Os colonos americanos venceram a guerra pela libertação da Inglaterra mas, nos anos seguintes, a nova nação estava engasgada, incapaz de encontrar um meio de cumprir efetivamente a transição de 13 colônias rebeldes para uma democracia funcional. Cinquenta e cinco delegados abriram caminho para uma "convenção constitucional" para ver se poderiam encontrar um meio de organização que proporcionasse estabilidade e prosperidade.

O trabalho conjunto deles durou quatro meses e resultou na Constituição dos Estado Unidos. O documento não era perfeito (como amplamente demonstram as 27 emendas feitas desde então e uma Guerra Civil), mas tornou-se o modelo para uma forma completamente nova de governo.

E embora o trabalho deles começasse com um passo curioso: estabelecer *regras de civilidade*. As regras eram praticamente as mesmas que você desejaria estabelecer nas reuniões de hoje: não interrompa, preste atenção no palestrante e assim por diante. O ponto-chave é que os delegados perceberam que o trabalho que estavam iniciando era extremamente complexo e repleto de tensão. Para lidar com as discussões futuras, reconheceram que antes de elas começarem precisavam decidir quais deveriam ser as regras básicas.

Observamos anteriormente que, em uma colaboração genuína, a confiança tem de ser alta (e a suspeita baixa). Como a "confiança" é outra daquelas palavras que podem significar coisas diferentes para diferentes pessoas, aqui está o que entendemos por confiança – confiança não tem uma definição; um teste identifica sua existência: a confiança é estabelecida quando palavras e ações estão alinhadas. Regras de civilidade são um componente importante para o estabelecimento de um ambiente no qual a confiança possa florescer.

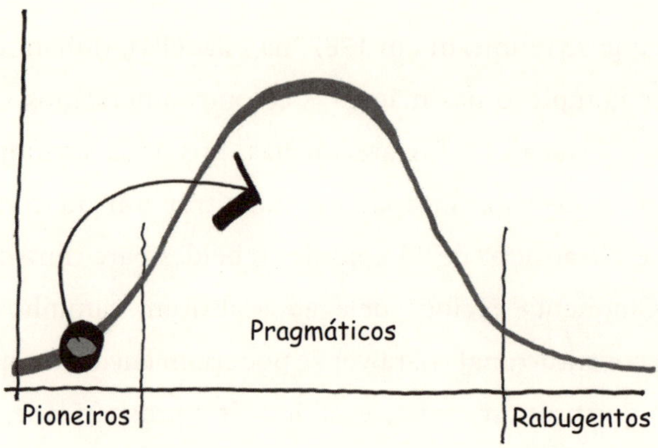

Figura 1.5 As pessoas em uma rede.

Fonte: Instituto Strategic Doing.

Regras permitem que as pessoas assumam compromissos umas com as outras e depois sigam em frente. Na Convenção Constitucional, por exemplo, uma pessoa poderia falar e saber que os outros ouviriam suas ideias sem manter uma conversa paralela ou perturbá-la de alguma outra maneira. Voltaremos a essa ideia mais tarde com a Habilidade 1.

Além das regras que todos devem seguir, precisamos nos comportar de maneira diferente quando se trata de tipos específicos de pessoas. Em qualquer esforço de mudança, há três tipos de pessoas, como mostrado na Figura 1.5 (você pode reconhecer o formato como uma "curva de sino"). Em uma extremidade, estão os *pioneiros*, as pessoas que lideram o ataque e estão ávidas por mudanças. Esse grupo costuma ser pequeno, como ilustrado no gráfico. Depois há um grupo muito maior, que podemos chamar de *pragmáticos*. Os pragmáticos aceitarão a mudança assim que perceberem que é prudente fazê-la – querem garantir que seu tempo e/ou sua reputação não sejam desperdiçados. Até aqui, tudo bem. Mas há um terceiro grupo – aqueles que não estão interessados em aderir. Eles dizem (e continuam dizendo) coisas como: "Isso nunca vai dar certo", "Já tentamos isso antes" ou "O que temos já é bom o bastante". Chamo este grupo de *rabugentos*. Felizmente, o número deles também é pequeno.

Não somos especialistas em história humana, mas provavelmente não houve transformação na civilização humana sem rabugentos. Contudo, muitas vezes, agimos como se bastasse dizer a coisa certa para que os rabugentos venham para nosso lado. Deixamos a tirania de poucos sugar a energia de nossos esforços. Em vez disso, deveríamos concentrar nossos esforços em obter o apoio dos *pragmáticos*. Como diz o reitor de uma universidade que conhecemos sobre trabalhar em faculdade: "Sei que há um terço que está pronto para mudar e, se eles vierem, há outro terço que se juntará ao primeiro. E não me preocupo com o último terço". Nós não queremos dizer que você deve passar por cima dos pessimistas desde o início. Muitas vezes há pessoas que parecem rabugentas, mas acabam se revelando como pragmáticas – são apenas um pouco mais lentas para aderirem. No entanto, após uma razoável soma de esforço para garantir que vamos nos entender, é só seguir em frente. Não podemos deixar os rabugentos arrastarem todos nós para baixo.

À medida que avançamos, precisamos nos comportar de maneira diferente, não apenas quando estamos discutindo o que poderíamos fazer, mas quando realmente começamos a tomar decisões. Precisamos equilibrar duas dimensões: orientação e participação. Vemos essas duas dimensões em ação ao nosso redor. Quando não há orientação, mas há muita gente envolvida, temos o *caos*. Mesmo um grupo de dez pessoas tentando decidir onde jantar costuma ser uma experiência frustrante para todo mundo. Quando não há orientação e a participação é baixa, temos a *apatia* – a reunião que ninguém se preocupa em respeitar. Temos ainda cenários em que há bastante orientação, mas a participação é baixa – é o clássico *acordo de bastidores*. Nas organizações, isso está muitas vezes relacionado a uma participação apenas de aparência (comitês consultivos, sessões de escuta, pesquisas com funcionários etc.), enquanto todos sabem que há algumas pessoas que tomarão as decisões e com frequência já se decidiram.

Existe outra opção – participação e orientação altas. A voz de todos é ouvida, mas a discussão é pautada e tem direção. Esse tipo de tomada de decisão costuma levar ao sucesso, pois há muitas contribuições e a habilidade é eficiente – as pessoas sentem que seu tempo não foi desperdiçado em reuniões que não levam a nada. As habilidades que introduzimos neste livro permitem que você crie este tipo de ambiente.

Fazendo de modo diferente

Pensar de modo diferente e se comportar de maneira diferente "são o alicerce" para a terceira coisa que precisa acontecer a fim de que empresas, organizações ou comunidades tenham sucesso nos desafios – fazer de modo diferente. As dez habilidades que apresentamos neste livro decompõem esse "fazer" em componentes específicos que são simples de entender e colocar em prática. Eles não são, no entanto, uma fórmula "pronta e acabada". A mudança é constante – há sempre, mais cedo ou mais tarde, outra Curva S. O fazer de modo diferente precisa se tornar uma forma permanente de trabalhar – um conjunto de hábitos, melhor dizendo. Quando Ed começou a procurar uma nova abordagem no início da década de 1990, ele estava em Singapura para um almoço com o diretor de tecnologia de uma das empresas que era cliente dele. Uma outra pessoa que estava no jantar, um físico com Ph.D., sugeriu que havia dois novos desenvolvimentos que mudariam por completo a maneira como víamos o mundo e que a estratégia também precisaria mudar. Quais desenvolvimentos eram esses? A internet e o *design* de *software*.

Ao contrário de outras formas de comunicação em massa – rádio, televisão – a internet é interativa. Isso é um grande negócio. A internet é nosso primeiro meio de comunicação em massa interativo. Ainda estamos tentando descobrir o que isso significa, mas com o lançamento do primeiro navegador comercial, o Netscape, em 1994, já era possível realizar vários tipos de atividades interativas: um-para-um (*e-mail*); um-para-muitos (por exemplo, YouTube), muitos-para-um (Kickstarter) e muitos-para-muitos (eBay). Embora os empreendedores continuem criando novos modelos de negócio para tirar vantagem desse poder, um fato é claro: a internet rompeu a clássica hierarquia de cima-para-baixo e as metodologias tradicionais de planejamento estratégico que lhe davam suporte. As mudanças desencadeadas pela *internet* e sua aplicação à estratégia são bastante evidentes: agora toda organização opera em um ambiente global; e informações disponíveis livremente provocam mudanças visíveis no ambiente (seja competitivo, social, político etc.) quase em tempo real.

Quanto ao *design* de *software*, o modelo de desenvolvimento ágil de *software* fornece uma estrutura para pensar sobre estratégia neste novo mundo. Um novo *software* sempre é produzido em um ambiente de equipe. Cada um dos membros da equipe trabalha com apenas um fragmento do programa por vez. Esses fragmentos são testados de imediato e, se necessário, ajustes são feitos. A equipe se reúne com frequência para compartilharem informações e se manterem alinhados, garantindo que não haverá qualquer problema de compatibilidade. O *software* é lançado em etapas: primeiro uma versão 0.9 ou "beta" para ajudar a eliminar os *bugs* e, em seguida, uma versão 1.0, que será seguida por 1.1, depois por 1.2, e assim por diante. Em algum momento, a empresa decide que é necessário todo um novo conjunto de recursos – talvez uma versão 2.0. Da perspectiva do usuário, nossa experiência também mudou, e para bem melhor. No início da era do "computador pessoal", você comprava um programa em uma caixa com um número da versão e esperava vários dias para um novo lançamento, que vinha também em uma caixa. Quando grande parte das pessoas teve acesso à internet, as empresas começaram a emitir *patches*, que podiam ser baixados periodicamente para corrigir problemas maiores. Hoje, essas melhorias estão disponíveis com muito mais frequência e muitas vezes são instaladas automaticamente – se estivermos usando um *software* que é "nosso" em vez de estar hospedado na nuvem.

Além disso, muitos *softwares* são desenvolvidos em um ambiente de código aberto, uma abordagem inteiramente nova para conduzir um trabalho complexo. Linus Torvalds popularizou essa abordagem quando decidiu projetar um novo sistema operacional para computadores. A história é excepcional: Torvalds, um rapaz de 21 anos que estudava ciência da computação na Finlândia, divulgou, em 1991, os "primeiros passos" de um novo sistema operacional. Dizemos primeiros passos porque era e é um sistema operacional de código aberto, para o qual milhares de programadores do mundo inteiro tinham contribuído. Chamado de Linux, o sistema operacional tem agora 23,3 milhões de linhas de código-fonte.

Os dois aspectos do desenvolvimento de *software* – experimentação constante e lições compartilhadas em uma rede colaborativa – hoje caracterizam uma estratégia efetiva. A estratégia é desenvolvida e refinada pela implementação de ideias modestas e pela avaliação do impacto, ajustando-as e ampliando-as conforme avançamos. O mais importante é que a equipe tenha um processo para gerenciar esse tipo de esforço contínuo – modos de trabalhar em conjunto que se tornaram sólidos com prática e disciplina.

⊙ ⊙ ⊙

Preparamos o cenário para as dez habilidades introduzindo alguns conceitos básicos que explicam por que a estratégia precisa ser abordada de modo diferente e também detalham alguns dos pressupostos que você verá nas páginas adiante. Ao se deparar com as habilidades, você poderá pensar consigo mesmo que elas parecem bastante simplistas – e que possivelmente não valem nem sequer o preço deste livro. Diante disso, algumas observações: em primeiro lugar, podemos ser induzidos a pensar que em um mundo complexo precisamos de um processo estratégico complicado. Nada pode estar mais longe de ser verdade – quando nos deparamos com a complexidade, a abordagem correta é aquela que apresenta um número limitado de princípios, apenas aqueles que são suficientemente robustos para reconhecer inúmeras possibilidades e mudanças estratégicas quando necessário. Em segundo lugar, embora as habilidades sejam simples, isso não significa que sejam simplistas. Elas são simples, mas não são fáceis; exigem prática e atenção para serem dominadas. Em terceiro lugar, o verdadeiro poder das habilidades está em combiná-las – talvez não todas as dez ao mesmo tempo, mas identificando as habilidades mais adequadas para uma determinada situação. O todo é realmente mais que a soma de suas partes.

Mas chega de explicações – está na hora de entregar o ouro.

NOTAS

1. Também podemos entender essa estrutura como uma integração vertical clássica. Aqui estamos nos concentrando na hierarquia por trás dessa integração, pois a hierarquia era a característica responsável por definir quase todas as organizações, não apenas empresas do mundo corporativo que desejavam desenvolver um produto palpável.
2. Ouvimos de muitas pessoas com quem trabalhamos, em particular de consultores de gestão, que o próprio planejamento estratégico se adaptou a essas novas realidades. Continuamos um tanto céticos. Sabemos de casos em que empresas, organizações ou regiões têm de fato empregado um processo que ainda era chamado de planejamento estratégico, mas que estava muito mais adequado à era da rede. Com certa frequência, porém, alguns pontos da abordagem tinham sido apenas ajustados – a ênfase continuava ainda na coleta retrospectiva de dados, nas reuniões intermináveis todos os meses e em planos de trabalho detalhados que seriam estendidos por um futuro distante para serem operacionalizados por outras pessoas. Em geral, o planejamento estratégico continua sendo um processo lento, dispendioso, rígido e muitas vezes ineficaz.
3. Em 2017, havia cerca de 238 milhões de pessoas que usavam celular nos Estados Unidos – são quase três quindecilhões de conexões – é um 3 com 16 zeros [para os *geeks* da Matemática, a fórmula é $x = n(n-1)/2$] (Fonte: Statista).

Capítulo 2

CRIE E MANTENHA UM ESPAÇO SEGURO PARA UMA CONVERSA PROFUNDA E FOCADA (HABILIDADE 1)

Pense nas melhores conversas que você já teve. Talvez foram conversas que levaram seu melhor amigo *a se tornar* seu melhor amigo. Ou talvez tenham sido longas conversas que teve durante aqueles primeiros dias em que estava conhecendo a pessoa que agora é o amor da sua vida. Talvez algumas conversas na sua pequena lista de melhores conversas tenham sido com um parceiro de negócios ou alguém que lhe aconselhava. Até mesmo uma conversa com uma criança de 4 anos, de olhos arregalados, pode ser uma grande conversa. Liderança ágil significa saber guiar as conversas. Essa habilidade começa com o entendimento de como criar e manter um espaço seguro onde grandes conversas possam ocorrer. Antes de nos aprofundarmos no significado de criar e manter espaços seguros, vamos nos certificar de que entendemos a natureza das conversas profundas e focadas. Isso nos ajudará a determinar o espaço ideal para tê-las.

CONVERSAS PROFUNDAS

Quantas conversas você acha que teve esta semana, ao longo dos últimos sete dias? Podem ter sido conversas com seu cônjuge ou sua parceira, seus filhos ou outros membros da família. Isso também inclui conversas de trabalho – com seu chefe, com aqueles que você supervisiona, com seus colegas, parceiros, clientes ou qualquer outra pessoa que você encontra por causa do trabalho. Não se esqueça de todas as outras conversas que você tem, como aquelas com o caixa do supermercado ou o vizinho que você encontra quando está levando o cachorro para passear.

O que é uma "conversa profunda"? Embora existam algumas definições por aí, vamos usar o *Padrão Roosevelt* para definir "profundo". Eleanor Roosevelt foi uma política, diplomata e ativista americana. Ela ocupou o cargo de primeira-dama dos Estados Unidos por mais tempo que qualquer outra primeira-dama do país, de 1933 a 1945, durante a gestão do marido (Franklin D. Roosevelt) na Casa Branca. Entre várias falas pertinentes dela, temos esta: Grandes mentes discutem ideias; mentes comuns discutem eventos; mentes pequenas discutem pessoas. Usaremos isso como nosso guia para avaliar o quanto nossas conversas são superficiais ou profundas. O mais provável é que nossas conversas mais superficiais sejam sobre pessoas, mudando para algo um pouco mais profundo ao discutirmos eventos e para a maior profundidade ao discutirmos ideias. Tendo isso como um padrão, onde você está? Quantas de suas conversas nesta semana foram discussões de *ideias?*

Claro que nem toda conversa precisa ser profunda. Muitas tarefas do dia a dia dos negócios e da vida podem ser realizadas por meio de conversas que passam, de maneira apropriada, pela superfície. A conversa sobre o que vamos jantar em uma determinada noite nem sempre gira em torno de ideias que acompanham nosso pedido de pizza para viagem.

Há, no entanto, evidências que mostram que somos programados para precisar e até mesmo ser bem-sucedido se vivenciamos uma certa quantidade de conversas profundas e substanciais. Em um estudo conduzido pela Universidade do Arizona, pesquisadores descobriram que taxas mais elevadas de bem-estar foram associadas com passar menos tempo sozinho e mais tempo conversando com outras pessoas. Essa descoberta confirmou o que havia sido encontrado em vários outros estudos.

No entanto, também descobriram que taxas mais elevadas de bem-estar estavam significativamente relacionadas à participação em menos conversa fiada, e mais em conversas profundas e substanciais. Quando compararam os participantes mais infelizes do estudo com os mais felizes, descobriram que o grupo feliz teve cerca de um terço de conversa fiada e o dobro de conversas profundas e substanciais. O estudo não tenta explicar a relação causal por trás dessa descoberta, mas levantou a possibilidade de que a felicidade e o bem-estar possam aumentar quando o tempo gasto em conversas profundas e substanciais é maior. Atrelando esta ideia ao nosso *Padrão Roosevelt*, quanto mais discutirmos ideias com outras pessoas, maior a nossa chance de sermos mais felizes e satisfeitos.

CONVERSAS FOCADAS

Escrever um livro exige foco. O foco é difícil de conseguir. Isso pode ter a ver com o motivo pelo qual demoramos tanto para escrever este livro. Tempo para focar e para ter conversas focadas não surgirá por acaso. Para a maioria de nós, a vida é muito corrida. Foco demanda disciplina. Pesquisadores do Laboratório de Interação Humano-Computador na Universidade de Carnegie Mellon (em parceria com o *The New York Times*) acreditam ter uma explicação sobre por que está cada vez mais difícil de concentrar. Não é de hoje que sabemos que a multitarefa (o que os pesquisadores às vezes chamam de "rápida alternância entre tarefas") tem um custo. Alternar com rapidez de uma tarefa para outra é um hábito que muitos de nós desenvolvemos: trabalhar no rascunho de um memorando lendo e respondendo *e-mails*, olhando nossas redes sociais; pulando de uma tarefa para outra e fazendo isso de novo, tudo dentro de alguns minutos. Essa alternância tem um impacto cognitivo. Em um dia de trabalho, muitos de nós temos apenas 11 minutos entre uma interrupção e outra e precisamos de uma média de 25 minutos para retornar à tarefa original após uma interrupção.

Imagine que você está escrevendo um relatório importante para o trabalho. Provavelmente seu *e-mail* está sendo atualizado em segundo plano e seu celular está perto de você. Em média, não vai demorar mais de 11 minutos até que uma notificação de *e-mail* apareça no seu computador, seu telefone emita notificações com as últimas notícias, chegue uma mensagem de texto ou talvez você receba uma ligação de verdade. Além disso, alguém pode bater na porta da sua sala ou, se por acaso você estiver trabalhando de casa, a secadora pode apitar para avisar que terminou e que está pronta para a próxima leva de roupa (que no momento está esperando molhada na máquina de lavar). Atenda a apenas uma dessas interrupções e 25 minutos podem ter passado antes de você voltar a se concentrar completamente em seu relatório... por outros 11 minutos. Assim como as conversas profundas, as conversas focadas não vão simplesmente acontecer. Precisamos excluir deliberadamente distrações em potencial, mesmo que por apenas um breve período de tempo.

CONVERSAS DE GRUPO PROFUNDAS E FOCADAS

Argumentamos que conversas profundas e focadas são raridade para a maioria de nós. Isso é o que provavelmente acontece se considerarmos conversas entre duas pessoas e talvez seja ainda mais raro quando se trata de conversas em grupo. Líderes ágeis que conseguem aumentar a produtividade de grupos e equipes estarão no caminho certo do progresso em relação aos desafios complexos e estratégicos com os quais nossas empresas ou comunidades estão se deparando. Aumentar a produtividade de grupos e equipes começa com o aumento da produtividade de suas conversas. Existem várias maneiras de lidarmos com isso.

Tamanho do grupo

Uma das maneiras de garantir conversas profundas e focadas em grupo é prestar atenção ao tamanho do grupo que está conversando. Existe uma pitada do "Princípio dos Cachinhos Dourados" (*Goldilocks Principle*) quando se trata do tamanho ideal do grupo: há os pequenos demais, os grandes demais e os que têm o tamanho certo. Talvez você já tenha ouvido falar na regra das "duas pizzas", de Jeff Bezos, da Amazon, para o tamanho da equipe. Ele defende que se você não consegue alimentar uma equipe com duas pizzas, ela é muito grande. Parece que a intuição de Bezos tem o respaldo da ciência.

Em *Decide & Deliver: 5 Steps to Breakthrough Performance in Your Organization* [Decidir e Entregar: 5 Passos para um Desempenho Inovador em sua Organização], Marcia Blenko e coautores afirmam que o tamanho ideal do grupo é de sete pessoas e que cada pessoa a mais reduzia em 10% a eficiência da equipe, sendo que, quando o grupo chegasse a aproximadamente17 membros, o que eles fariam seria apenas decidir sobre quando deveria ser o intervalo do almoço. Outros defendem um tamanho ligeiramente menor. Um estudo de 2000 publicado na *Psychological Sciences* define um grupo de cinco pessoas como ótimo. O que esses números ideais têm em comum é que cinco e sete são números ímpares. Um outro estudo, este da *Organizational Science,* confirma que um grupo formado com um número ímpar de pessoas é melhor do que um com número par. Isso nem sempre está sob nosso controle, mas quando somos capazes de predeterminar quem fará parte de um grupo para a realização de um trabalho complexo, ser intencional quanto ao tamanho do grupo pode aumentar as chances de êxito.

Lugares seguros para conversas

Com um entendimento melhor acerca do que realmente é uma conversa profunda, os benefícios de uma conversa focada e o tamanho ideal do grupo para fazer um trabalho estratégico complexo, podemos agora voltar nossa atenção para os espaços e lugares nos quais essas conversas podem ocorrer de maneira mais adequada. Tal como acontece com o tamanho do grupo, nem sempre conseguimos determinar onde e quando conversas estratégicas acontecerão. Sempre que possível, no entanto, é interessante refletir um pouco sobre isso e fazer um planejamento prévio. Em nosso trabalho com a Administração Nacional de Aeronáutica e Espaço (National Aeronautics and Space Administration – NASA), tínhamos cientistas de diferentes setores da agência. Propor um *workshop* na casa de uma pessoa ou de outra não era a melhor ideia. Um motivo é que poderia haver uma vantagem real ou indicativa do campo de origem, com a casa do anfitrião na posição de, consciente ou inconscientemente, inclinar o benefício da colaboração para sua própria agenda. Além disso, para quem estivesse na cidade anfitriã, o potencial para distração ao deixar o local de trabalho durante um período de tempo ou mesmo para dormir em casa enquanto outros estavam longe de suas cidades também não seria o ideal. Por isso selecionamos um local para a primeira reunião que foi neutro e, como um de nossos colegas o descreveu, teve o mesmo grau de dificuldade para todos os envolvidos. Em nosso empenho em reunir um grupo multinacional e parceiros menores em potencial, escolhemos uma comunidade universitária para nossos *workshops*.

Por quê? Porque queríamos estabelecer a ideia de que as colaborações podem emergir com mais facilidade em terreno neutro.

Em comunidades, é muito importante prestar atenção ao contexto local ao decidir onde ter conversas estratégicas. Suponha que você esteja reunindo um grupo para pensar sobre um assunto particularmente complexo, como taxas de escolaridade ou o número crescente de pessoas que se tornam dependentes de opioides. A escola e a secretaria de saúde podem parecer os lugares mais adequados para esses desafios, mas talvez não seja o caso. A escola é um território neutro em uma discussão sobre educação? Pelas nossas experiências de trabalho com comunidades, a biblioteca é muitas vezes um espaço seguro para conversas estratégicas sobre questões cívicas. Uma biblioteca tem algumas regras básicas de comportamento e em geral não existe pergunta boba nesse local.

Também tivemos grandes resultados com conversas estratégicas em lugares como museus infantis. Existe algo em espaços desse tipo que conduz à dinâmica necessária para conversas estratégicas. Talvez seja ação do chamado *princípio do urso de pelúcia*: há evidências que mostram que, quando expostos a sinais da infância, os adultos exibem um comportamento mais preocupado com o social. Esses sinais podem ser óbvios – brinquedos na sala, por exemplo. Ou não tão óbvios, como usar várias canetas coloridas, não apenas preto, em um quadro branco.

Espaços seguros para conversas

Em conjunto com os lugares seguros, a noção de comportamento seguro é igualmente importante – um lugar seguro em que todos podem participar. Talvez mais do que qualquer outro escritor e pesquisador, Amy Edmondson, da Escola de Negócios de Harvard, por meio de seu trabalho sobre *segurança psicológica*, possibilitou que nossa compreensão acerca desse tópico melhorasse. Edmondson descreve segurança psicológica como uma crença compartilhada entre membros de uma equipe ou de um grupo que permanecem seguros ao assumir riscos interpessoais. Em equipes psicologicamente seguras, os membros sentem-se aceitos e respeitados. A autora expõe várias características de segurança psicológica e de outros assuntos que foram estabelecidas com base em seu trabalho, oferecendo seus próprios *insights*. Ao menos uma empresa bem conhecida, o Google, fez da segurança psicológica uma prioridade; isso é um fator importante no modo como eles abordam a equipe de trabalho.

Como um líder, como você garante a segurança psicológica na criação e na manutenção de espaços seguros para conversas profundamente focadas? Retornando a um tópico que abordamos brevemente no Capítulo 1, algumas grandes lições podem ser aprendidas com a história de nossa nação. Em seu livro, *A Brilliant Solution: Inventing the American Constitution* [*Uma Solução Brilhante: Inventando a Constituição Americana*], Carol Berkin descreve como algo semelhante à segurança psicológica desempenhou um papel fundamental na formação dos Estados Unidos[1].

Uma década após a assinatura da Declaração de Independência, a nação incipiente foi ameaçada por um cabo de guerra entre os estados e o governo central. Os líderes da jovem nação decidiram convocar um Congresso Continental para redigir a Constituição dos Estados Unidos. Antecipando que as conversas não seriam fáceis, a primeira ordem do dia foi redigir as regras que governariam as conversas. James Madison registrou as normas que finalmente foram acordadas. Elas incluíam regras como: 1) Enquanto um membro estiver falando, não passe na frente, não converse em paralelo, nem leia jornal ou folheto e 2) Se dois homens se levantarem para falar ao mesmo tempo, o general Washington determinará a ordem em que vão falar. Sabendo que havia muitos tagarelas no grupo (o que parece ser uma condição da profissão para os políticos de todas as épocas!), uma terceira regra dizia que uma pessoa só poderia falar duas vezes sobre um determinado tópico. Essas regras ajudaram a assegurar que os participantes sentissem o tipo de segurança psicológica de que precisavam para enfrentar decisões difíceis.

Líderes ágeis estudam os cenários de suas conversas de inúmeros pontos de vista. A localização física é importante, mas há muitos outros fatores que ajudarão os participantes a construir laços de confiança e a dar o melhor de si no desafio que vão enfrentar. Quando o tópico da discussão é complexo, a conversa precisará ser profunda e focada, e conversas desse tipo não costumam acontecer sem um planejamento cuidadoso.

Uma metáfora pode ser útil quando pensamos nisso. Se você já fez uma trilha ou um mergulho de rio talvez já tenha se deparado com um guia. Um guia de mergulho ou de trilha acompanha a jornada daqueles que está guiando. Ele ou ela assegura que todos vão acampar ao anoitecer. Corrige o caminho quando necessário. Sabe quando liderar de forma discreta, quando sair na frente e quando ficar ao lado para encorajar as pessoas. Acima de tudo, o guia mantém os membros do grupo em segurança. Esse também é o papel do guia da conversa, e é por isso que a competência de manter um ambiente seguro para conversas profundas e focadas vem primeiro. Use essa habilidade sozinha ou combine-a com alguma das que aparecerão mais à frente neste livro. Tente aplicá-la em conversas com outra pessoa e em reuniões com grupos pequenos e com equipes. Nos próximos capítulos, vamos lhe dar algumas ferramentas a mais e *insights* para guiar a conversa.

COLOCANDO A HABILIDADE PARA TRABALHAR: O LÍDER ÁGIL COMO GUIA DE CONVERSA

Líderes ágeis guiam a conversa não apenas pela escolha do lugar certo ou pela garantia de que o grupo é do tamanho ideal. O equivalente na era digital para "não leia um jornal ou panfleto" durante uma conversa profunda e focada pode ser "guarde seus *smartphones*". O bom senso pode ditar quais devem ser as regras apropriadas de civilidade quando se trata de criar e manter um espaço seguro para uma conversa profunda e focada. Nossa regra de civilidade é esta – *vamos nos comportar de um modo que crie confiança e respeito mútuo.* Comunicar e reforçar esta regra não é apenas papel do líder ágil; é uma responsabilidade compartilhada entre aqueles que estão na conversa. Esse também foi o caso no Congresso Continental. Quando um membro não estava agindo de acordo com as regras de civilidade estabelecidas, ele poderia ser "chamado à ordem" por qualquer outro membro, bem como por George Washington.

Essa única regra de civilidade (ou outras regras que você possa decidir aplicar às suas próprias conversas) pode certamente estar *implícita*, mas temos visto em nosso trabalho que é melhor explicar a regra de maneira explícita. Liderança ágil significa estabelecer essa expectativa. Um dos meios de fazer isso é ajudar outros a compreender que uma conversa estratégica é um tipo específico de conversa que demanda esse tipo de comportamento – alguns dos meios que as pessoas utilizam para interagir entre si ficam suspensos durante o período da conversa por um determinado motivo. Lembre-se de que conversas profundamente focadas provavelmente não são o tipo de conversa a que a maioria das pessoas está acostumada. Algumas podem ter desenvolvido hábitos de conversa que não são adequados para fazer no trabalho estratégico complexo que está em jogo. Seu trabalho é ajudá-los a desenvolver novos hábitos de conversa.

Outro simples hábito de conversa que pode ser implementado com bastante facilidade é a *equidade de voz*. Ao reunir um pequeno grupo ou equipe para uma conversa estratégica explique que, quando os indivíduos trabalham juntos em grupos, há evidência de que os melhores resultados ocorrem em grupos que têm os maiores níveis de "equidade de voz". Isso significa que quando eles estão juntos, cada membro tem a mesma quantidade de tempo para falar. O simples fato de informar aos membros do grupo que você está atento à equidade de voz pode ser bem poderoso.

ESTUDO DE CASO:

PREPARANDO O TERRENO PARA CONVERSAS PROFUNDAS EM FLINT

Flint, no Michigan, costumava ser uma cidade próspera dominada pela indústria automobilística. A General Motors empregava mais de 80 mil pessoas em Flint, e entre a GM e seus fornecedores a cidade não registrava desemprego e tinha uma vida cívica de sucesso. Qualquer aluno que terminava o Ensino Médio sabia que um emprego bem remunerado que lhe permitiria comprar uma casa, criar uma família e mandar os filhos para a universidade estava garantido. Quando a General Motors saiu de Flint na década de 1980, a população da cidade diminuiu de maneira acentuada; de quase 200 mil habitantes para aproximadamente 97 mil hoje. Quando a economia entrou em crise, aqueles que podiam sair – basicamente as classes média e alta – logo o fizeram, deixando a cidade com uma alta concentração de pessoas de baixa renda e desempregadas. Hoje os afro-americanos constituem a maioria e os brancos são a minoria. A cidade é caracterizada pela oportunidade econômica limitada e por gente desesperada tentando apenas sobreviver. Questões habitacionais, opções limitadas de alimentos saudáveis, racismo e pobreza eram (e continuam) desenfreados.

Já lhe apresentamos à equipe de Flint. Como você pode imaginar, as conversas que precisam acontecer naquela comunidade são com frequência dolorosas e provocam fortes emoções. O compromisso da equipe com a tarefa de assegurar um espaço seguro para uma conversa profunda e focada tem sido fundamental no trabalho de enfrentar as questões de pobreza, violência e racismo institucional arraigado em Flint. Um dos veículos dos quais a equipe tem feito parte é uma coalizão chamada Vizinhos Sem Fronteiras. Bob Brown (diretor associado do Centro para o Desenvolvimento Comunitário e Econômico da Universidade do Estado do Michigan) apresentou a abordagem Strategic Doing ao grupo, bem como os meios utilizados por ele para ajudar a garantir um espaço seguro pavimentaram o caminho para conversas cada vez mais profundas sobre o que significa ser uma comunidade unida.

Em um encontro que reuniu moradores de todas as partes de Flint, Bob começou sugerindo que eles se conhecessem. E pediu-lhes que trocassem cartões de visita para ajudar nesse processo – o que certamente era uma tradição comum em várias reuniões de inúmeras comunidades. O que veio a seguir, porém, estava longe do tradicional. Bob pediu a todos que jogassem os cartões no lixo. A mensagem: cada um de nós tem algo para contribuir, mesmo os que não têm um cartão de visita. Naquela sala, todos – do presidente da fundação ao homem que há pouco retornara à comunidade após um longo período na prisão – dariam a mesma contribuição para o futuro que construiriam juntos.

NOTA

1. Isto é, segurança psicológica para quem teve o privilégio de ser convidado para a conversa. Embora fique claro que a convenção foi um sucesso na medida em que manteve o país unido quando ele estava nascendo e definiu uma estrutura na qual ele podia florescer, em retrospecto também reconhecemos os enormes custos. O cientista político Robert Dahl destacou várias deficiências em seu livro *How Democratic Is the American Constitution? (A Constituição Norte-Americana é Democrática?*). Ele cita uma série de grandes deficiências, incluindo a incapacidade de conceder direito de voto às mulheres, aos afro-americanos e aos povos originários; e a dependência do colégio eleitoral na eleição presidencial. Um dos desafios mais complexos da convenção foi lidar com a realidade da escravatura – uma questão abordada por meio de compromissos que mantiveram a escravidão intacta e protegida até a Guerra Civil, mais de setenta anos depois. Ainda estamos lutando contra as consequências dessas decisões – como sugere o escritor Jim Wallis, o racismo é o "pecado original" da América e continua acometendo as gerações.

Capítulo 3

ORGANIZE A CONVERSA COM A PERGUNTA CERTA (HABILIDADE 2)

Durante as férias em família em Santa Fé, no Novo México, um pai saiu para dar um passeio com a filha de 3 anos. Quando parou para admirar uma paisagem particularmente bela, ele fotografou a menina à frente da beleza do cenário. Isso aconteceu muito antes do surgimento dos *smartphones* com câmera. A menina ouvira muitas vezes do pai que o filme tinha de ser levado para ser revelado em uma loja especial e que demorariam vários dias até que eles pudessem ver as fotos. Embora já soubesse disso, ela não deixou de fazer a pergunta, assim como as crianças de 3 anos costumam fazer: "Por que a gente não pode ver a foto agora?". Pacientemente, o pai lhe dava a explicação de novo, mas desta vez a pergunta da filha se instalou em sua mente de uma forma que não acontecera antes. [...] Por que *não conseguimos* ver a foto agora?

Mais tarde, em 1943, Edwin Land, fundador da Polaroid, iria se lembrar desse dia e acrescentar que "em menos de uma hora, a câmera, o filme e a físico-química tinham sido compreendidos. Como físico de formação, ele elaborou mentalmente um novo tipo de sistema fotográfico que incluiria todos os componentes de uma sala escura convencional em um único dispositivo portátil – antes mesmo de retornarem do passeio. Ele telefonou naquele mesmo dia para o advogado que cuidava de suas patentes. Havia um certo poder no modo como a filha fizera a pergunta. Isso fez com que Land repetisse a pergunta para si mesmo, uma pergunta que nunca realmente lhe passara pela cabeça. Perguntas podem ter poder.

Toda conversa começa com cada pessoa tendo uma estrutura invisível em torno do que vão discutir, uma estrutura que para ela define as fronteiras (em geral subconscientes) da conversa. Precisamos trazer essas estruturas para a realidade. Usar a pergunta certa para fazer isso pode ao mesmo tempo abrir novas oportunidades *e* manter a conversa focada em uma direção produtiva.

David Cooperrider, professor de comportamento organizacional na Case Western Reserve University, diz que "vivemos em um mundo no qual nossas perguntas criam". Gastamos tempo elaborando *perguntas instigantes* para assegurar, digamos assim, que estamos todos no mesmo mundo – e olhando o mais próximo possível para a mesma conversa. A segunda habilidade da liderança ágil é criar uma conversa em torno de uma pergunta instigante e apreciativa, uma pergunta com muitas respostas que guiará a conversa para uma direção positiva. Uma boa pergunta instigante tem complexidade suficiente para exigir envolvimento e reflexão profundas de cada pessoa presente na conversa. Como essa afirmação tem muitas partes, vamos decompô-la nos elementos de uma boa pergunta para que você seja capaz de fazer as perguntas certas nas suas conversas.

LIDERANÇA ADAPTATIVA: UMA PERGUNTA, MUITAS RESPOSTAS

O trabalho de Ronald Heifetz, da Universidade de Harvard, nos ajuda a pensar nas perguntas que poderíamos fazer em uma determinada situação. Heifetz rotula as perguntas como *técnicas* ou *adaptativas*. Quando a definição, a solução e a implementação do problema é clara, Heifetz chama de pergunta técnica. Confrontados com uma pergunta técnica, os líderes podem recorrer ao conhecimento especializado e ao conhecimento que eles têm para encontrar uma resposta. Normalmente, há uma resposta para uma pergunta técnica. Responder a uma pergunta técnica leva muitas vezes a uma melhoria paulatina nas práticas em curso. Os exemplos podem ser uma cidade que diariamente coleta todo o lixo seguindo um cronograma, uma empresa que resolve um problema de qualidade para fazer com que a linha de produção volte a operar ou um departamento do governo que determina como abreviar o tempo de espera em uma repartição pública. Respostas para perguntas técnicas não são necessariamente fáceis – todos esses exemplos iriam precisar de pessoas (ou de uma equipe) com uma experiência considerável. Mas, diante de problemas técnicos, os líderes recrutarão uma pessoa ou equipe especializada para encontrar uma resposta por meio do *uso de suas competências técnicas.*

Perguntas adaptativas são diferentes. Elas nos apontam desafios para os quais não há respostas claras. Perguntas adaptativas podem desencadear muitas respostas que podem levar a soluções aceitáveis. Perguntas desse tipo não têm habilidades ou resultados conhecidos; exigem um questionamento mais profundo de pressupostos e valores fundamentais. Resolver perguntas adaptativas exige que façamos um esforço significativamente maior, tenhamos tolerância para a incerteza e incluamos a presença de vozes divergentes. Perguntas adaptativas também são melhor abordadas pelo grupo que implementará as soluções propostas. Precisaremos envolver outras pessoas e, por meio da inteligência coletiva e da intuição estratégica, aprender o caminho que seguiremos juntos rumo a possíveis soluções. Aqui estão alguns exemplos de perguntas adaptativas: A leitura de todos os alunos do primeiro ano do ensino fundamental está adequada para o ano escolar em que estão? Como poderíamos nos tornar a região mais saudável do estado? Conseguimos criar um robusto conglomerado de tecnologia digital? Como nos tornamos o empregador mais requisitado em nosso setor? Qual é a melhor maneira de responder a uma nova tecnologia que pode ocupar rapidamente nosso trabalho no mercado? Cada um desses exemplos tem muitas respostas possíveis e cada solução poderia contribuir para uma resposta.

O líder adaptativo desenvolve a habilidade de fazer perguntas claras e adaptativas.

Essas questões guiam uma equipe, organização ou comunidade para uma nova direção. Ser um líder adaptativo demanda que você esteja aberto a testes e inovação a fim de gerar respostas às suas perguntas adaptativas. Você descobrirá que seus testes – esforços para responder à sua pergunta adaptativa – são repetitivos. Eles não podem ser totalmente planejados antes de você começar. Você também descobrirá que, ao se libertar do desejo de controlar, novas soluções vão aparecer. Explorar essas soluções em potencial permite que você estabeleça novos níveis de confiança e colaboração com as pessoas que fazem parte da jornada de descoberta de novas respostas para perguntas adaptativas.

No Capíutlo 1, discutimos brevemente os problemas graves. Eles quase sempre são desafios adaptativos. Você pode pensar em problemas graves como aqueles com que se depara e que lhe parecem difíceis ou impossíveis de resolver – as características do problema, à medida que se transformam, mantêm você na dúvida e todo seu conhecimento pode parecer pouco. Eles não são necessariamente "maus" problemas, mas um problema grave parece resistir à solução em razão das muitas interconexões que você encontra ao trabalhar para resolvê-lo. Com base em seu trabalho em arquitetura e planejamento urbano, os criadores dessa ideia (Rittel e Webber) escreveram sobre problemas graves no planejamento público: segurança pública, educação, transporte, habitação acessível, crises de saúde, conservação e outros desafios sociais. Recentemente, a discussão se expandiu quando corporações enfrentando a globalização perceberam que têm seus próprios problemas graves. Para resolver esses problemas, precisam cada vez mais incorporar os diversos pontos de vista de clientes internacionais e dos funcionários. Descobrimos que a maneira mais produtiva de tratar dos problemas começa por atrair vozes diferentes com uma poderosa *pergunta instigante*. Essas perguntas nos envolvem. Elas nos direcionam para uma jornada onde encontramos novas oportunidades para enfrentar esses desafios.

Se você está lendo este livro, provavelmente está enfrentando desafios adaptativos. Sua pergunta instigante, então, precisará reconhecer essa realidade. Boas perguntas instigantes são perguntas adaptativas. Por natureza, elas parecem grandes, arrojadas e inspiradoras. Chamam a atenção do ouvinte que quer saber mais sobre como elas serão solucionadas e como eles podem ser parte da solução. Uma boa pergunta instigante é um convite a uma conversa mais profunda que levará a mais perguntas, testes e, por fim, a inovação.

Como é essa pergunta? Tina Seelig, do Departamento de Ciência e Engenharia de Gestão da Universidade de Stanford, e um diretor docente do Programa de Empreendimentos Tecnológicos de Stanford demonstram o poder de reformular uma pergunta com um exemplo simples. Começam com esta pergunta: Quanto é 5 mais 5? A resposta é 10, claro. Temos uma pergunta fácil com uma resposta. Mas se alterarmos nossa pergunta da seguinte maneira: Que dois números são iguais a 10? Com esta segunda pergunta, temos um número infinito de respostas possíveis. O ponto de Seelig é profundo: o modo como fazemos perguntas nos dá novas possibilidades. Nossas duas questões diferem apenas no modo como são formuladas.

Em nossas organizações e comunidades, enfrentamos um número crescente de desafios adaptativos. Ao confrontar esses desafios, você vai querer fazer uma pergunta que abra a porta para infinitas respostas e novas oportunidades. Você também vai querer fazer uma pergunta instigante que se conecte à combinação singular das pessoas que estão reunidas para ajudá-lo. Parece difícil? Exige prática. Líderes adaptativos tornam-se realmente bons em formular perguntas convincentes sobre um futuro que ainda não podemos ver muito bem.

PERGUNTAS APRECIATIVAS

Como observamos na primeira habilidade, o cerne do Strategic Doing envolve gerenciar conversas. Por quê? Se partirmos da ideia de que desafios complexos exigem que colaboremos, é muito difícil imaginar como poderíamos colaborar sem conversar. Temos de ser bastante precisos no modo como projetamos e orientamos essas conversas, porque nossas ações as seguirão. Em outras palavras, como Cooperrider também nos diz, as pessoas seguem a direção de suas conversas – para o bem e para o mal. Provavelmente você pode reconhecer este fenômeno por meio de sua própria experiência: comece com um desafio adaptativo – talvez um problema grave – e logo você começa a mergulhar na análise da causa do problema. Isso pode ser uma tarefa sem fim, pois, por definição, não existe causa única para um problema grave. Não há resposta única para um desafio adaptativo. Tomemos o exemplo da mudança climática. Aqui está como uma conversa centrada no problema da mudança climática pode evoluir:

P: Por que a mudança climática está ocorrendo?
R: Porque as pessoas e as empresas poluem.

P: Por que as pessoas e as empresas poluem?
R: Porque não compreendem as consequências.

P: Porque elas não compreendem as consequências?
R: Porque não aprendem isso na escola.

P: Por que as escolas não lhes ensinam isso?
R. Porque estão muito ocupadas ensinando leitura e Matemática.

P. Por que estão muito ocupadas ensinando leitura e Matemática?
R. Porque os pais não estão fazendo seu trabalho.

E assim por diante – você pegou a ideia. Há sempre um nível mais profundo para o "porquê", assim como a oportunidade de discutir se o porquê é direto ou justificável. Aqui está o ponto importante: quando enfrentamos um desafio adaptativo – ou um problema grave – não devíamos desenvolver uma conversa centrada no problema. Se o fizermos, cairemos em um ciclo infinito onde nada acontece.

A psicologia cognitiva apoia a ideia de que nossas conversas moldam nossas ações. As emoções e o comportamento de um indivíduo seguem o padrão de pensamento – os modelos mentais – que temos na cabeça. Se nosso modelo mental interpreta cada situação como um problema a ser resolvido, nossa conversa e nosso comportamento focarão no problema. Entraremos em um ciclo interminável de busca de problema para consertar nossos complexos desafios adaptativos. A psicologia cognitiva, no entanto, também nos diz que podemos trocar esses modelos mentais. Nossas conversas mais profundas nos ajudam a fazer essas mudanças. Se nos concentramos nas *oportunidades*, garantimos que não vamos cair no abismo cada vez mais fundo da análise de problemas. Temos, em vez disso, a oportunidade de pensar em alternativas possíveis.

Por favor, não nos entenda mal – não estamos descartando o valor de examinar problemas. É importante que investiguemos a ameaça de mudança climática, novos transtornos em um modelo existente de negócio ou as razões de jovens deixarem uma região. Precisamos, contudo, perceber desde o início que *nunca* vamos compreender por completo as causas de problemas graves desse tipo. Precisamos saber *o suficiente* – o suficiente para participar de uma conversa e confiar que aprenderemos mais à medida que trabalharmos juntos[1]. Ao enfrentar desafios adaptativos, aprendemos fazendo. Então, precisamos de conversas que nos levem à ação, à experimentação, para que possamos gerar novos *insights* para essas situações complexas.

Toda conversa é uma resposta a alguma pergunta – seja a pergunta feita claramente, ou não – e por isso escolher a pergunta certa faz uma enorme diferença. Perguntas centradas no problema tendem a fazer com que os grupos se atolem na análise. Ficamos paralisados pela crença equivocada de que há um problema para resolver. Enquanto um grupo for capaz de aguentar uma ladainha de queixas em uma reunião, ninguém vai querer participar desses momentos por muito tempo.

Ao mesmo tempo, temos uma razão positiva e igualmente importante para fazer perguntas centradas na oportunidade: elas podem envolver as pessoas emocionalmente. Problemas realmente complexos vão exigir que as pessoas estejam prontas para colaborar em longo prazo. Precisamos do envolvimento e das ideias delas. Se nos concentrarmos em excesso em uma busca incessante para resolver o "verdadeiro" problema, vamos deixar as pessoas esgotadas. Acabaremos afastando o poder intelectual criativo que precisamos para enfrentar nossos desafios adaptativos.

Quando optamos por procurar o que já é bom e certo sobre um indivíduo, uma equipe ou uma empresa, escolhemos uma abordagem chamada *Investigação Apreciativa*, que foi desenvolvida por Cooperrider. Essa abordagem é baseada em ativos – focada no positivo – em vez do déficit – enfatizando problemas. Ao desenvolver perguntas instigantes que são apreciativas, colocamo-nos no caminho certo para encontrar novas oportunidades e enfrentar nossos complexos desafios adaptativos.

DESENVOLVENDO PERGUNTAS PARA ORGANIZAR CONVERSAS

Juntando esses conceitos – liderança adaptativa e Investigação Apreciativa – você pode usar uma pergunta para estruturar uma conversa capaz de levar as pessoas que você reúne a trabalharem juntas de uma maneira nova. Uma pergunta boa e instigante convida a novos níveis de colaboração que levam a novas soluções. Convida a uma maneira nova de ver e envolver os outros. Por meio de uma conversa mais profunda, você pode avançar para maneiras práticas de lidar com problemas graves. Pense nisso visualmente, como construir uma moldura dentro da qual você criará uma nova imagem que nenhuma pessoa poderia criar por conta própria. Perguntas instigantes apreciativas abrem a porta para novas soluções de desafios adaptativos. Steve Jobs era mestre em fazer poderosas perguntas apreciativas. Ele não perguntava: "Como podemos competir com a IBM?". Perguntava: "E se os computadores fossem pequenos e cada pessoa tivesse o seu?". Essa poderosa pergunta com poucas palavras atraiu a equipe certa para construir o computador que transformaria a Apple em uma líder em inovação e *design*.

Desenvolver uma poderosa pergunta instigante não é fácil. Para muitos de nós, essa mudança de pensamento requer prática. Grande parte de nossa escolaridade e experiência nos treina para procurar problemas, lacunas, déficits e deficiências. Não perdemos muito tempo explorando o que *poderia* ser. Temos dificuldade em imaginar pessoas mobilizadas para avançar em direção a oportunidades em vez de girar em torno de problemas. Mesmo que seu grupo ou sua equipe possa ter sido reunido por causa de um problema, pratique abordar a conversa de uma perspectiva diferente. Comece do princípio de que todos querem construir uma empresa, uma organização ou um futuro mais próspero. Convide-os a começar a jornada para uma solução nova e melhor.

Você pode descobrir em sua jornada que as pessoas começam perguntando: "Como podemos fazer isso?" ou "Como devemos fazer isso?". Essas perguntas podem soar como se estivessem focadas em oportunidades. Não se deixe enganar – assim que começar a usar palavras como *pode* e *deve*, você está insinuando julgamento e cancelando possibilidades: Podemos realmente fazer isso? E deveríamos?. Você pode evitar esta armadilha substituindo a palavra *poderia* por: "Como poderíamos...". Fazendo assim, você se torna capaz de adiar o julgamento, ajuda as pessoas a criar opções de maneira mais livre e abre o leque de possibilidades.

Vejamos duas perguntas que ilustram como essa habilidade pode ser na prática. Uma empresa pode ser solicitada a considerar a pergunta: *O que podemos fazer para minimizar a raiva e as reclamações do cliente?*. É um exemplo de uma pergunta não apreciativa. Essa pergunta deixa o problema claro para a empresa, mas o grupo que trabalhará em conjunto será mais produtivo se uma pergunta diferente fosse considerada: *Em que momento os clientes estavam mais satisfeitos com nosso serviço e o que podemos aprender e aplicar com base nesse período de sucesso?* O foco geral da investigação está no que a organização mais quer, e não no que menos quer.

Uma pergunta fundamental e estrutural pode inspirar o grupo a uma ação que ninguém conseguia ver antes. Um líder adaptativo inspira novo trabalho fazendo novas perguntas. Perguntas que simplesmente justificam suas ações atuais raramente levam a grandes melhorias – sobretudo quando suas ações atuais não estão criando os resultados que você quer. A pergunta instigante correta é suficiente para transformar completamente uma conversa e reiniciar um grupo que estava travado. Isso nos leva para longe de modelos mentais improdutivos e prepara o terreno para a transformação.

Use perguntas instigantes como um convite para uma conversa e como base para uma colaboração produtiva. Quando você formular a pergunta certa, pode levar outros (e a si mesmo) a descobrir como podemos criar juntos valor compartilhado. Ao fazer a pergunta certa – uma pergunta apreciativa que permite muitas perspectivas em torno de um desafio adaptativo –, líderes ágeis atraem as pessoas para uma conversa mais profunda e focada que pode levar a muitas oportunidades novas. Com a pergunta instigantes correta, os participantes se mostrarão ávidos para contribuir com seus conhecimentos e compartilhar outros recursos à medida que respondem.

COLOCANDO A HABILIDADE PARA TRABALHAR: O LÍDER ÁGIL COMO QUESTIONADOR

Um exercício para começar a aprender a fazer boas perguntas é praticar perguntas do tipo "como poderia". Pense em uma pergunta que descreva uma situação que você quer mudar e pergunte a si mesmo: "Como posso melhorar esta situação?". Comece suas respostas com "eu podia", "se eu pudesse fazer" ou "imagine se". Se você tentar esta abordagem em um grupo, ficará espantado com quantas respostas podem ser geradas em apenas alguns minutos.

Você também pode praticar essa habilidade fazendo perguntas melhores quando seleciona um tópico e escreve o máximo de perguntas que conseguir em um certo período de tempo. Olhe então para sua lista. Classifique as perguntas em técnicas *versus* adaptativas. Faça uma segunda lista de perguntas. Veja se não está conseguindo melhorar as perguntas ao repetir o processo.

Um terceiro exercício envolve se interrogar – com regularidade – se suas perguntas inspiram outros a contribuir com tempo, ideias e energia. O mais provável é que, se essas perguntas forem apreciativas e focadas em potenciais oportunidades, você consiga envolver as pessoas com mais facilidade do que se estivesse continuamente apontando falhas.

Se estiver trabalhando com um grupo, o desafio de criar uma boa pergunta instigante é mais complicado. Chegar à pergunta instigante que tal grupo queira usar é muitas vezes um processo de repetição. A maioria das pessoas está totalmente envolvida no próprio dia a dia de trabalho. Direcionar nosso pensamento para uma pergunta adaptativa leva tempo. Não desanime se a primeira pergunta que você pensar não tiver engajamento. Peça ajuda de alguns colegas, tente diferentes perspectivas e abordagens até descobrir a pergunta certa. Você também pode usar este *checklist*, de Gervase R. Bushe, da Universidade Simon Fraser:

- Grandes perguntas são surpreendentes. São perguntas que as pessoas não discutiram ou nem pensaram antes.
- São perguntas que fazem as pessoas refletirem e pensarem.
- Elas tocam o coração e o espírito das pessoas. São perguntas que têm um significado pessoal e mexem com o que é mais importante para elas.
- São perguntas que instigam histórias que vão construir relacionamentos. Como resultado das conversas que essas perguntas arquitetam, as pessoas se sentem mais próximas umas das outras. Um maior senso de vulnerabilidade e confiança é alcançado.
- Elas nos obrigam a olhar para a realidade de uma forma um pouco diferente. Às vezes a realidade pode ser reformulada pelo modo como a pergunta é feita (Bushe, 2007).

Você saberá quando tiver a pergunta certa – se as perguntas convidam as pessoas à conversa, a pergunta *certa* faz as pessoas dizerem: "Sim! Eu gostaria muito de participar *dessa* conversa". Insista até encontrar as palavras que levarão as pessoas para a discussão com entusiasmo e determinação.

ESTUDO DE CASO:

REFORMULANDO A PERGUNTA EM UMA INSTITUIÇÃO COMUNITÁRIA DE ROCKFORD

O Arboreto e Jardim Botânico Klehm em Rockford, em Illinois, começou como um viveiro de árvores em 1910. Continuou assim até 1985, quando a família Klehm doou o viveiro para o condado de Winnebago e o definiu como arboreto. Com o passar do tempo, o número de membros no conselho do arboreto diminuiu, custos com a manutenção aumentaram e a participação das pessoas em eventos ficou menor. Líderes comunitários que durante muitos anos estavam atrelados ao arboreto tinham ouvido de alguns supostos membros que a localização do arboreto em um bairro "que tinha deixado de ser bom" fizera com que muita gente desistisse de ser membro. O conselho decidiu que precisavam de um plano estratégico para traçar um futuro mais sustentável.

Janyce tinha sido membra do conselho do arboreto e lhe pediram para dar uma ajuda. Ela começou pedindo que considerassem perguntas instigantes em potencial. Ideias iniciais se concentraram em carências como falta de membros, pouco público, custo crescente para manter a instalação e a incapacidade de bancar planos essenciais de manejo. Embora todos esses pontos estivessem relacionados a aspectos importantes das operações do arboreto, eles também estavam focados nos problemas. Janyce levou a conversa adiante em busca de uma pergunta apreciativa. O ponto de virada veio quando ela lhes perguntou sobre as experiências deles no arboreto – o que no arboreto *os* inspirava? Como foram as primeiras visitas que fizeram ao arboreto? Por que tinham sido voluntários? Isso mudou a direção da discussão: os membros do conselho começaram a refletir, a compartilhar histórias uns com os outros e a lembrar por que se apaixonaram pelo arboreto. Por fim, o grupo optou por esta pergunta instigante: "Como seria se a beleza do nosso arboreto fosse compartilhada?".

Em seguida, o conselho convidou os membros a fazerem parte daquela nova conversa – que não estava concentrada em tratar de um problema específico, mas em imaginar o que era possível fazer. Muitos membros participaram, gerando um grande número de novas ideias para ajudar o arboreto a avançar em quatro áreas fundamentais: oferecer mais atividade para as famílias, incentivar ações educativas, melhorar a reputação e construir lembranças que permanecessem na memória dos visitantes. As conversas voltaram a incentivar o compromisso dos membros com o arboreto e com o futuro dele, e as primeiras melhorias nas instalações estão em andamento: um novo pavilhão de jardim e um terraço estão finalizados, uma nova sinalização foi instalada e um parque infantil está em construção.

NOTA

1. É por esta razão que costumamos desencorajar o exercício SWOT (*Strengths* [Pontos Fortes], *Weaknesses* [Fraquezas], *Opportunities* [Oportunidades], *Threats* [Ameaças]) que costuma ser o passo inicial do planejamento estratégico tradicional. Em nossa experiência, um grupo quase sempre já conhece o bastante sobre as fraquezas e as ameaças para avançar. Discutimos isso mais adiante, no próximo capítulo.

Capítulo 4

IDENTIFIQUE SEUS ATIVOS, INCLUINDO OS OCULTOS (HABILIDADE 3)

Muita gente vive no que poderíamos chamar de "Terra do se ao menos". Cada vez que participam de uma conversa, rapidamente trazem à tona o que gostariam de ter – um emprego melhor, uma casa melhor, filhos que fosse mais comportados. Empresas e organizações não são muito diferentes. Se pudéssemos presenciar as reuniões, ouviríamos afirmações como:

Se ao menos não tivéssemos perdido essa oportunidade...

Se ao menos tivéssemos mais dinheiro...

Se ao menos outros países não tivessem custos tão baixos de mão de obra...

Não é como se esses desejos não fossem reais – as pessoas e as empresas realmente gostariam de estar em uma posição diferente. Mas, no fim das contas, nada mudou e, muito provavelmente, da próxima vez que estivéssemos em uma conversa, ouviríamos de novo as mesmas reclamações[1].

Se formos honestos conosco, não são apenas as outras pessoas que estão na "Terra do se ao menos". A maioria de nós é pelo menos um visitante assíduo. Conseguimos nos convencer de que não podemos realmente fazer nada até que alguém aja para satisfazer uma necessidade que consideramos crítica. Não é que somos pessimistas por natureza (embora possa ser o caso de alguns). É realmente uma manifestação de pensamento hierárquico. Discutimos a maneira como as hierarquias limitam o pensamento e controlam o comportamento; uma outra função importante dela é alocar recursos. A maioria das organizações tem um certo número de processos em torno disso: o orçamento, por exemplo, permite que os líderes concedam financiamento a diversas unidades. No *stage-gating*, grupos apresentam novas ideias de projetos de uma forma prescrita para nos permitir um avanço por meio de estágios. De um modo geral, estamos acostumados a olhar para alguém que tem mais autoridade que nós para fornecer as coisas de que precisamos.

A Habilidade 3 nos pede para abandonarmos essa perspectiva. No pensamento em rede, não há topo e nem fundo. Podemos ainda precisar de recursos, mas ninguém tem a função de nos repassar esses recursos. Precisamos primeiro fazer um balanço dos recursos que *já* temos. O que nós, e os membros da nossa rede que concordaram em trabalhar conosco, temos a oferecer para resolver a questão que estamos expondo? Esse não é apenas (talvez em excesso) um pensamento otimista; como veremos, em um ambiente de rede, o pensamento é excepcionalmente prático. Temos recursos ao nosso redor que podem ser usados de maneiras novas e diferentes.

ATIVOS

Usamos a palavra *ativos* para descrever esses recursos. Um ativo é qualquer recurso que poderia potencialmente ser utilizado para nos ajudar a avançar em direção a um resultado específico. Quando ouvimos a palavra ativo, os que são formados em ciências contábeis logo pensam em termos de dinheiro – o lado da balança que compensa os passivos. Os ativos, no entanto, têm muitas variedades e vão muito além do dinheiro. Se você limita sua perspectiva ao financeiro, terá muita dificuldade em sair da "Terra do se ao menos".

Ao identificar ativos, pode ser útil pensar em relação a diferentes categorias. Dependendo do desafio com que estamos lidando, categorias específicas podem ser mais ou menos valiosas. Aqui está um meio de organizar ativos, com alguns exemplos para cada área:

Ativos físicos e naturais: estes ativos incluem coisas como imóveis (terra ou construções), salão de festas, propriedades que tenham represas ou rios, salas de aula, equipamentos grandes ou especializados, ou fibra de alta velocidade. Há também equivalentes cibernéticos para alguns deles: espaços virtuais para reuniões, por exemplo.

Ativos de habilidade e conhecimento: mais uma vez, as especificidades dependem do contexto, mas podem incluir habilidades em escrita, *design* gráfico, comunicação em público, preparação de orçamentos, desenvolvimento de sites, pesquisar ou cozinhar, entre muitas outras. Embora relacionados, mas ligeiramente diferentes, ativos de conhecimento podem incluir experiência em um assunto, assim como ativos em que novos conhecimentos e percepções podem ser adquiridos. Estes podem englobar conjuntos de dados e algoritmos.

Ativos sociais: ativos sociais são indivíduos ou grupos de pessoas com quem alguém em sua rede está familiarizado pessoalmente. Organizações profissionais, um empreendedor com uma tecnologia que complementa a de sua empresa, o prefeito ou um escritor conhecido são exemplos de ativos sociais.

Ativos de capital: embora não queiramos limitar nosso pensamento a dinheiro, certamente não podemos esquecer dele. Ativos de capital são recursos financeiros ou ativos que de alguma maneira são comprados, como espaço editorial em um jornal para uma coluna de opinião ou apoio administrativo que alguém pudesse doar para a causa.

Ao pensar sobre que ativos você ou seu grupo possuem, você pode não ter certeza a que categoria eles pertencem. Tudo bem – as categorias servem principalmente para lhe ajudar a expandir a visão dos ativos que pode ter. Com essas categorias, estamos simplesmente lhe pedindo para pensar de maneira ampla e mais horizontal.

Há um fio condutor comum entre a Habilidade 2 (fazendo a pergunta certa) e esta Habilidade 3 (identificando nossos ativos): ambas partem do princípio de que nos movimentamos na direção de nossas conversas. Na "Terra do se ao menos", nos concentramos nos nossos problemas e no que não temos – é uma viagem só de ida para o beco sem saída da inação. Pode ser momentaneamente bom desabafar com os outros, mas no final das contas isso esgota nossa energia e nosso potencial para mudar. Concentrar no que temos – nossos ativos – nos ajuda a mudar o foco para as oportunidades que estão diante de nós. É uma abordagem apreciativa. No desenvolvimento comunitário, essa perspectiva alterou a forma como o trabalho é feito em bairros e comunidades que enfrentam dificuldades. Em vez de definir o desafio como uma falta (falta de dinheiro, famílias sem a presença do pai ou da mãe, infraestrutura ruim etc.), o "desenvolvimento comunitário baseado em ativos" desafia os líderes cívicos a fazerem uma pergunta diferente. O que podemos fazer com os ativos que estão à nossa disposição? O que nossa vizinhança já tem? Talvez tenhamos uma rede de igrejas que queira trabalhar em conjunto em novas atividades extracurriculares para crianças ou um grupo de jovens interessados em começar seus próprios negócios. Esses ativos tornam-se o ponto de partida para o trabalho de transformação. A habilidade de identificar ativos nos mantém focados em falar sobre oportunidades, não sobre problemas.

Essa mesma mentalidade também é importante para as empresas. Quando recursos financeiros e uma grande equipe não abraçam um novo negócio, os empreendedores precisam buscar outras abordagens. Conhecemos alguém que tenha as competências ou conexões que podem nos ajudar a seguir em frente? Em empresas grandes, os ativos corporativos tendem a ficar trancados em orçamentos departamentais ou nas unidades de negócios. O compartilhamento desses ativos entre departamentos e unidades raramente é considerado como uma possibilidade. Em razão dessa dinâmica, a estratégia tornou-se extinta em muitas empresas. Vemos discussões sobre estratégia que tornaram-se meros exercícios orçamentários de rotina, todos destinados a proteger o que os gerentes já têm e possibilitar que consigam um pouco mais.

No mundo sem fins lucrativos e no governo, a ignorância sobre nossos ativos aparece de modo diferente. Já estivemos em mais de uma situação em que várias organizações sem fins lucrativos trabalhavam na mesma região geográfica, na mesma cidade ou no mesmo bairro, e não se conheciam. Como resultado, elas não tinham ideia da gama de ativos que existia nas organizações sem fins lucrativos para lidar com problemas sociais que eram compartilhados entre elas. Em uma cidade de porte médio no centro-oeste estadunidense, por exemplo, reunimos todas as organizações sem fins lucrativos que recebiam verbas do governo municipal. Por incrível que pareça, foi a primeira vez que elas estiveram juntas na mesma sala.

DIRETRIZES PARA IDENTIFICAR ATIVOS

Ao tentar identificar os ativos que podem ser úteis para algum desafio que esteja sendo enfrentado, precisamos manter algumas coisas em mente. Primeiro, *influência direta* é fundamental. Se o ativo não é seu, *não é* (sendo direto) um ativo. Embora possa ser maravilhoso que o primo da ex-mulher do tio Mortimer seja um especialista em mídias sociais, é provável que essa competência não esteja prontamente à disposição de seu grupo. Os ativos devem ser recursos seus, ou sobre os quais você exerça pelo menos um controle significativo. Por exemplo, embora você não tenha uma impressora 3D, pode ser fácil ter acesso a uma no local onde trabalha, então pode considerá-la como um ativo com o qual você pode realmente contribuir.

Segundo, cada pessoa toma suas *próprias decisões* sobre o compartilhamento de ativos. Às vezes um membro da equipe simplesmente não quer, por alguma razão, tornar um ativo disponível. Um membro proeminente da comunidade, por exemplo, pode estar cansado de receber convites para ser apresentado a um funcionário municipal. Um fotógrafo profissional decidiu dar um "basta" a quaisquer solicitações para prestar serviços como trabalho voluntário. Essas decisões podem ser temporárias ou mais duradouras, mas de um modo ou de outro são decisões que precisam ser respeitadas.

Por fim, ativos verdadeiros são *acionáveis* imediatamente – ou seja, podemos descrevê-los de um modo que deixe claro como podemos empregá-los. Ao trabalhar no desenvolvimento de uma nova tecnologia, alguém pode nos dizer: "Conheço muita gente que tem experiência em testar novos produtos". Esse seria um ativo "social" útil? Não podemos afirmar que sim – fazer mais perguntas nos ajudará a descobrir: Que tipo de produtos? Em que mercado? Quem são exatamente as pessoas que o indivíduo conhece bem e que poderiam ser sondadas?

Além de seguir essas diretrizes, mantenha a mente aberta para avaliar se algo é realmente um ativo – você nem precisa saber exatamente como ele poderia ser usado para enfrentar um desafio. Desde que haja uma conjectura plausível de que possa ser relevante, conserve-o em mente como potencial recurso a que pode recorrer.

ATIVOS OCULTOS

Algumas pessoas pensam que não têm ativos. Talvez não estejam em posição de autoridade em uma empresa, sejam estudantes do ensino médio ou aposentados. Se nos limitarmos a perguntar: "Quais são seus ativos?", eles podem responder "Não tenho nenhum" ou "Nem sei muito bem por que ainda estou aqui." Podemos dizer com segurança, graças a anos de experiência, que *todos* têm ativos, e muitas vezes os mais valiosos ativos são aqueles em que ninguém havia pensado. Muitos ativos estão ocultos – às vezes não há ninguém no grupo que saiba que uma pessoa tem esse ativo. Alguns de nossos ativos estão ocultos até de nós mesmos – é preciso que alguém traga-os à tona e identifique o valor que eles podem ter para o grupo.

Ativos ocultos comuns são *hobbies*, habilidades ou interesses que alguém cultivou de maneira independente ao longo dos anos. Um dos nossos exemplos favoritos é o de um projeto em que Ed trabalhou. Um grupo estava pensando em um modo de resolver um problema em comum: como desenvolver uma força de trabalho com as competências necessárias para a manufatura do século XXI. Eles discutiam que ativos tinham para desenvolver um tipo de iniciativa. Uma participante do grupo, de modo um tanto relutante, compartilhou que estava interessada em manufatura e sustentabilidade. Um estímulo pequeno e gentil revelou que ela também tinha experiência em elaboração de currículos. Essa conversa levou à primeira certificação nacional "selo verde" de trabalhadores da indústria. O grupo ficou tão envolvido pelos ativos ocultos que se mobilizou para conseguir o desenvolvimento desse novo programa.

ATIVOS SÃO PONTOS DE PARTIDA

Se você já participou de uma aula ou *workshop* de improvisação, talvez já esteja familiarizado com a frase: "Traga um tijolo, não uma catedral".

Na improvisação, a frase significa que cada pessoa não acrescenta mais que algumas ações ou linhas para levar a trama adiante – não precisa terminar toda a "história". Para nossos propósitos, a frase nos lembra de que ninguém precisa ter um conceito completamente formado para uma nova oportunidade, iniciativa ou projeto – na verdade, em geral é melhor quando *não* temos uma ideia completa em mente. Começamos com uma postura de mente aberta, onde cada pessoa pode dizer: "Isso é o que eu tenho – alguns tijolos". O que pode ser construído a por meio deles surgirá quando estivermos trabalhando juntos.

Você pode sentir que os ativos com que você e seus colegas podem contribuir para um desafio adaptativo simplesmente não são suficientes – eles parecem um conjunto de recursos bastante escasso diante de um grande problema. Isso de certa maneira está certo – você *não* tem tudo que precisa (não esqueça, é exatamente essa a natureza de um desafio adaptativo, em oposição a um desafio técnico). No entanto, o outro lado dessa desvantagem é uma verdade poderosa: como você só está trabalhando com o que tem, pode começar a trabalhar *agora mesmo.* Não precisa de permissão. Não tem de esperar por mais financiamento, nem por mais pessoas ou legislação. Está livre para seguir em frente. Como verá, algo quase mágico acontece quando você aproveita as oportunidades disponíveis, colocando-as a seu favor. Líderes ágeis entendem este paradoxo de escassez e oportunidade, e seguem adiante com confiança.

COLOCANDO A HABILIDADE PARA TRABALHAR: O LÍDER ÁGIL COMO INVENTARIANTE

Usar essa habilidade pode ser tão simples quanto pegar uma folha de papel ou um bloco de notas e sair perguntando a si mesmo e às pessoas com quem está trabalhando que ativos deverão entrar na sua lista. Use as quatro categorias para despertar seu pensamento – em que categorias você é "rico em ativos"? Onde pode estar perdendo alguns ativos? Faça perguntas que possam revelar aqueles ativos ocultos que você nem sabia que existiam.

Cada pessoa em seu grupo trará seu próprio conjunto de ativos. Às vezes são ativos que são de fato verdadeiramente delas (por exemplo, alguém é um *designer* gráfico) e outras vezes são ativos sobre os quais podem exercer controle (há equipamentos de vídeo em suas escolas que poderiam ser utilizados). Se vocês se conhecem bem, podem dar uns toques para que uma pessoa lembre a outra de ativos que podem ter sido esquecidos – como no exemplo do participante da equipe interessado em sustentabilidade. Não esqueça, no entanto, que os membros de seu grupo têm autonomia – podem decidir se vão tornar o ativo disponível para outros. Talvez estejam cansados de sempre serem solicitados para desenvolver um *site* – ou talvez ainda não confiem suficientemente no grupo para investir seu tempo dessa maneira. Ao pensar sobre os ativos de sua rede, mantenha o foco no que você acredita que tem chances razoáveis de ficar disponível para uso.

Isso não quer dizer que você deva listar todo e qualquer ativo. Às vezes um ativo realmente não tem valor para uma rede, como uma coleção de bichos de pelúcia para um grupo que está projetando um novo processo de negócio. Se parecer que as contribuições das pessoas não estão ajudando, retorne à sua pergunta instigante, se você tiver uma (se não tem, considere separar um tempinho para desenvolvê-la). Ativos devem ter uma possível conexão com o desafio que está enfrentando – com sua pergunta instigante – mesmo que você não consiga ver com clareza como seria essa conexão. Quando estiver em dúvida, erre pelo lado da inclusão.

Mesmo assim, depois de terminar de fazer seu inventário, você pode achar que a lista é bastante curta. Não entre em pânico – parte da genialidade das redes é que o conjunto de ativos disponíveis não é estático.

Cada nova pessoa que entra na rede traz novos ativos com ela. Cada *boundary spanner* em sua rede pode ajudá-lo a identificar outras redes que possam disponibilizar ativos necessários. Todo pragmático cauteloso que entra na rede pode concluir que, de fato, confia o suficiente no grupo para se beneficiar do favor que ficarão lhe devendo. Continue se perguntando (e perguntando aos outros) que novos ativos você possui que pode estar disposto a compartilhar. Os ativos que você tem para trabalhar crescerão à medida que você trabalha.

Líderes ágeis, ao se concentrar em ativos, ajudam a emergir um potencial que o grupo não sabia que tinha. Fazem a rede se concentrar no que pode ser feito em vez de chafurdar nos problemas ou ficar esperando que alguém de fora entre em ação. Mesmo quando os recursos parecem inadequados, o grupo entende, ao conhecê-los bem, que pode começar a construir com aqueles tijolos, pensando com criatividade no modo de usá-los para criar novas oportunidades.

ESTUDO DE CASO:

REIMAGINANDO UM DEPARTAMENTO DE TECNOLOGIA DA INFORMAÇÃO

Em 2015, uma empresa global de ciências biológicas contatou a equipe da Purdue com um desafio – repensar o papel de seu departamento de tecnologia da informação (TI). Historicamente, eles (como a maioria das empresas) tinham visto a TI em grande parte como um centro de despesas. Tecnologia da informação, recursos humanos, contabilidade e outras unidades de "serviço" são com frequência encaradas como elementos de sobrecarga ou mesmo como um dreno sobre os lucros – embora suas funções sejam obviamente essenciais para o desempenho de uma empresa. A direção da empresa se perguntava se era possível usar os ativos do departamento não só para atender o "serviço" que a TI fazia para pessoas da empresa, mas também para criar mais receita. Eles contrataram uma grande firma externa para desenvolver uma estratégia de geração-futura para a TI. A recomendação da firma externa foi muito complexa e a direção da empresa ficou insegura sobre como implementá-la.

Scott conheceu um consultor de estratégia interno da empresa e, por meio desse contato, se encontrou com a direção do departamento de TI. Scott propôs ajudar o departamento de TI a considerar como poderia ir além de ser um centro de despesas, levando em conta que seus ativos poderiam ser aproveitados para gerar receita para a empresa.

O primeiro passo foi pedir que o departamento identificasse quais de seus ativos poderiam contribuir para novas oportunidades. Muitos dos ativos compartilhados eram aqueles que esperaríamos encontrar em um departamento de TI: vários tipos de *hardware*, instruções sobre aplicações de *softwares* relacionados a negócios, especialização em programação e assim por diante. Scott sugeriu que os participantes de um *workshop* incluíssem em suas reflexões os ativos que possuíam e também aqueles que as pessoas pudessem não estar cientes da existência. Como acontece com muitos grupos, os participantes tinham se acostumado a pensar exclusivamente em função de seu próprio contexto de trabalho, e Scott ajudou a preparar a bomba perguntando se alguém tinha conhecimento ou habilidades especiais em função de um *hobby* ou de alguma outra paixão pessoal. Aproveitando a deixa, um participante,

Joe, mencionou que mexia com *software* de animação, um ativo com o qual poderia contribuir.

A animação não fazia parte do trabalho de Joe, mas ele tinha se interessado pelo crescimento desse campo relativamente novo (relativamente novo, é claro, na aplicação aos negócios). Tinha começado a ler sobre o assunto, comprara um pacote de *software* e havia começado a desenvolver suas próprias habilidades. Essa habilidade acabou sendo parte vital de um projeto cujo desenvolvimento se deu no grupo – um novo serviço de valor agregado, gerador de receita, que poderiam oferecer a seus clientes.

Vale a pena observar que, neste caso, reconhecer um ativo até então não identificado foi rentável para a empresa, mas também abriu novas oportunidades para Joe. Sendo a pessoa da equipe com a maior experiência na área, ele teve agora a oportunidade de usar suas novas habilidades em uma posição reconfigurada que se concentrava explicitamente na animação.

NOTA

1. A região que faz fronteira com a "Terra do se ao menos" é "A república do SWOT". Mencionada brevemente no Capítulo 3, com frequência nos perguntam onde as análises SWOT (Pontos Fortes, Fraquezas, Oportunidades, Ameaças) entram em nosso trabalho. O risco de visitar a República do SWOT é que alonguemos demais nossa visita... em outras palavras, podemos passar semanas e meses

em uma análise SWOT. De fato, uma tática comum de atraso utilizada pelo cético ou pelo cabeça-dura é sugerir que o que o grupo realmente precisa fazer é uma análise SWOT. Na verdade, ouvimos pessoas dizerem que não podemos partir para nenhuma ação *sem* uma análise SWOT. Mas há um momento e lugar para uma análise SWOT – e na maioria das vezes descobrimos que os grupos já identificaram suas fraquezas e ameaças. Pelo menos no início não é útil dar uma atenção maior a esse tópico. As pessoas já sabem o suficiente para começar a trabalhar e fazer alguma coisa. A habilidade deste capítulo e a do próximo concentram-se nas partes mais valiosas de uma análise SWOT – os pontos fortes e as oportunidades –, em que estreitamos o foco para que o esforço despendido nelas seja o mais valioso possível.

Capítulo 5

ASSOCIE E ALAVANQUE ATIVOS PARA IDENTIFICAR NOVAS OPORTUNIDADES (HABILIDADE 4)

No capítulo anterior, discutimos o poder de descobrir ativos ocultos, tanto em nós mesmos quanto nos outros, e aludimos a um antigo ditado do teatro de improviso: "Traga um tijolo, não uma catedral". Neste capítulo, apresentamos outra lição da improvisação. "Sim, e" é considerada a primeira regra da improvisação. Em um quadro de improviso, isso significa que, quando um colega intérprete oferece algo – uma fala, por exemplo – os outros artistas concordam com a linha conforme indicado. Essa é a parte do "sim". Em seguida, outro ator expande a fala. Esse é o "e". Suponha, por exemplo, que uma pessoa inicie uma cena improvisada dizendo: "Você acredita que Maria está largando tudo e indo passar três meses na Austrália?". A próxima pessoa aceitaria isso como um fato consumado na cena e construiria em cima dele; a história pode continuar com: "Sim, e ao que parece ela sempre teve vontade de aprender a tocar o *didgeridoo*." A história continuaria com cada artista aceitando o que veio antes e elaborando em cima disso. Não há como saber onde a história da Maria vai acabar.

Líderes ágeis não apenas descobrem ativos ocultos mas também veem como diferentes ativos podem ser associados, alavancados e alinhados, podendo ajudar outros a verem esse potencial também. Uma simples lista de ativos não é o bastante. A magia acontece quando os ativos são combinados[1]. A combinação de ativos pode criar um novo valor que é maior que o valor combinado das partes. Fazer isso é uma habilidade; neste capítulo, fornecemos algumas orientações para ajudá-lo a fazer exatamente isso. Fazer conexões desse tipo é útil em vários contextos, mas em uma rede (não em uma hierarquia) é fundamental – essas conexões providenciam a plataforma a partir da qual surgirão soluções coletivas para nossos desafios mais complexos.

ASSOCIAR E ALAVANCAR ATIVOS PARA INOVAR

Associar e alavancar ativos pode nos ajudar a sermos mais inovadores. Aqui está um exemplo de associação e alavancagem de ativos em ação:

Era sábado do fim de semana de Quatro de Julho e o restaurante estava lotado. Todas as mesas estavam ocupadas e tinha sido assim o dia todo. A fila de clientes famintos nunca parecia diminuir. O estoque começou a acabar, incluindo alguns dos principais ingredientes para as duas saladas oferecidas no cardápio. Não querendo perder nenhum pedido ou decepcionar os clientes, o proprietário pensou rápido, pegou alguns itens das prateleiras, colocou-os em um carrinho e empurrou o carrinho para o salão movimentado. Aproximou o carrinho de cada mesa onde fora pedida uma salada e disse que, embora já houvesse duas saladas no cardápio, eles teriam um presente muito especial: uma nova salada da casa, preparada e servida junto à mesa. Com o talento de um mágico, o dono do restaurante colocou folhas de alface romana em uma tigela, adicionou um fiozinho de azeite, molho inglês, suco de um limão e dois ovos *poché*. Depois, com mais alguns movimentos, adicionou sal, pimenta e queijo parmesão ralado. Em vez de jogar os ingredientes, tratou-os com delicadeza, deixando cada folha coberta com o molho cremoso. As saladas foram empratadas, *croutons* adicionados; e a salada servida aos clientes famintos.

O proprietário chamou a salada de *O Aviador*, em homenagem aos vários aviadores da marinha que cruzavam a fronteira de San Diego para comer no estabelecimento: o restaurante Caesar Cardini's Tijuana. Isso aconteceu alguns anos antes de a casa se tornar conhecida como a *Caesar Salad*, criada em 4 de julho de 1924.

Amamos essa história por duas razões. Primeiro, quem não gosta de uma grande história de origem, mesmo que seja de uma receita? Embora o restaurante esteja agora em uma localização diferente, o Caesar continua em operação e ainda prepara sua famosa salada servida ao lado da mesa. A outra razão de amarmos essa história é por se tratar de uma história de inovação, especificamente de *inovação recombinante*. Vamos nos concentrar na comida para ajudar a ilustrar melhor essa noção.

Em um artigo científico de 2015, pesquisadores italianos contaram o trabalho que realizaram observando *chefs* para aprender algumas lições sobre inovação. Eles estavam especificamente interessados em como novos pratos eram desenvolvidos. A pesquisa revelou que, entre os melhores *chefs* da Itália, novos pratos costumavam apresentar uma combinação de diferentes ingredientes que os *chefs* já usavam há muito tempo, mas que foram colocados *juntos* pela primeira vez no novo prato.

Por exemplo, um *chef* talvez tenha usado abóbora em várias sobremesas ao longo dos anos. Ele também usa um ótimo queijo gorgonzola azul na salada e, claro, todo *chef* italiano usa um monte de ervas frescas. Então, um dia, quando o *chef* estava pensando em um novo prato para o outono, ele chegou a uma receita de nhoque de abóbora com gorgonzola e sálvia crocante. O nhoque foi um grande sucesso – ficou tão popular que o restaurante pôde cobrar um preço maior que rendeu uma margem de lucro mais alta que o normal. Esse padrão apareceu várias vezes: ingredientes com que os *chefs* estavam familiarizados eram combinados de um modo até então inusitado. E houve uma descoberta a mais: muitas vezes naqueles pratos tão populares havia um ingrediente completamente novo no repertório dos *chefs*, com frequência um sabor obscuro que eles tinham provado em alguma viagem em uma parte diferente do mundo ou que tinham conhecido por algum membro da cozinha vindo de outra cultura. Isso é o que quer dizer inovação recombinante: pegar coisas que já existem e combiná-las de novas maneiras.

Isso também é o que queremos dizer quando falamos em *associar e alavancar* ativos. Voltemos por um momento ao restaurante de Caesar Cardini. Diante, então, de clientes famintos, Caesar fez um rápido inventário: tinha alface romana, ovos, azeite, limões e *croutons*. Tinha um carrinho que podia andar pelo salão. Tinha também duas habilidades: conhecimento sobre os componentes básicos de um molho para salada (um óleo e um ácido) e, criticamente, um gosto pelo dramático. Junte tudo isso e você tem um prato que continuou custando mais caro, sendo um prato "especial" por mais de um século.

Como a maioria de nós não é *chef*, temos um exemplo do mundo da tecnologia: o GPS, ou Sistema de Posicionamento Global, é uma inovação singular que associa, alavanca e alinha a tecnologia via satélite com a tecnologia do relógio atômico e a tecnologia de transmissão e recepção do rádio. Essas tecnologias eram ativos separados; provavelmente cada uma vivia, como parte do conhecimento, no cérebro de diferentes especialistas. Os ativos não se alinharam automaticamente. Quando alguém (ou provavelmente um grupo de pessoas) se perguntou: "E se os combinássemos?", um avanço na navegação moderna tinha acabado de acontecer.

Às vezes avanços dessa grandeza acontecem por acaso, ou parecem ser por acaso, mas podemos estabelecer uma ordem para ajudar a estruturar esse acaso. A pergunta instigante correta, por exemplo, pode ser um convite para uma conversa com as pessoas que possam ter um desses ativos chave na cabeça. Um espaço seguro também é importante para ter uma conversa profunda e focada a fim de explorar as possibilidades. Líderes ágeis podem então ajudar pessoas a ver as oportunidades que emergem quando começamos a associar, alavancar* e alinhar nossa coleção de ativos.

Até que ponto esta habilidade é importante? Pense nisso: a emergente *Internet das Coisas* nos permite conectar qualquer coisa com qualquer outra por meio de um *link* digital. No chão das fábricas, as etiquetas RFID orientam uma linha de produção a personalizar cada item de acordo com a escolhas de cada consumidor que fez uma compra *on-line*. Nosso carro pode sinalizar um *outdoor* para anunciar o posto de gasolina mais próximo quando o tanque estiver na reserva. Na cozinha, nossa geladeira pode pedir leite quando ele estiver quase acabando e fazer com que o produto seja entregue. Nossas oportunidades de associar, alavancar e alinhar ativos são literalmente infinitas. Indivíduos que compreendem e podem pôr em prática processos como a inovação recombinante levarão o mundo a lugares de que hoje não podemos sequer ter uma vaga ideia.

ASSOCIAR E ALAVANCAR ATIVOS NOS FORÇA A PENSAR HORIZONTALMENTE

Muita gente tem uma tendência natural a pensar de modo vertical – isto é, a explorar tópicos específicos com profundidade. Especialistas em qualquer área são por definição bons pensadores verticais. O pensamento vertical é útil quando precisamos refletir de maneira profunda sobre as coisas. Contudo, é útil também pensar horizontalmente por meio de diferentes disciplinas, campos ou áreas do conhecimento. Novos *insights* podem ocorrer quando pensamos horizontalmente. Na Purdue, por

---

* No sentido de aprimorar, potencializar. (N. do T.)

exemplo, há um grupo chamado Centro Regenstrief de Engenharia da Saúde (Regenstrief Center for Healthcare Engineering [RCHE]). Aqui o pensamento horizontal ocorre diariamente; na verdade, foi o pensamento horizontal que levou à criação do RCHE em resposta a uma pergunta apreciativa: *Como poderíamos melhorar o sistema de saúde reunindo engenheiros, enfermeiros e farmacêuticos?*. Assim nascia a "Engenharia da Saúde" como um campo de prática e pesquisa. Engenheiros têm ativos. Enfermeiros têm ativos. Farmacêuticos têm ativos. Conectar e alavancar esses ativos demanda um pensamento horizontal.

Na prática, tudo isso funciona desta forma: tomemos como exemplo as bombas de infusão. São os dispositivos que ficam pendurados ao lado de uma cama hospitalar para administração de fluidos, como nutrientes e medicamentos, para o corpo do paciente. Embora essas bombas apresentem um alto grau de precisão na entrega dos medicamentos, há também problemas significativos de segurança. O mau funcionamento pode resultar em entrega excessiva ou insuficiente de medicação. O RCHE criou a comunidade informática prática para a bomba de infusão entre mais de 100 hospitais no centro-oeste dos EUA. Por meio de uma ferramenta *on-line*, esses hospitais podem agora compartilhar dados, análises e as melhores práticas para aumentar a segurança do paciente.

Às vezes o pensamento horizontal ocorre como na história do RCHE, quando as pessoas que veem o mundo de maneira diferente se reúnem. Em outras situações, um indivíduo (de modo intencional ou por acaso) aprende algo sobre outro campo ou contexto, o que leva a um novo *insight*. Vários autores escreveram excelentes livros que exploram o poder do pensamento horizontal. Frans Johansson chama a criação de *insights* na interseção de diferentes campos e culturas de *O efeito Medici*. Steven Johnson, em seu maravilhoso livro *Where Good Ideas Come From* (*De Onde Vêm as Boas Ideias*) rompe com o mito de que a inovação vem de um momento de "eureka!". Na realidade, as boas ideias surgem ao longo do tempo por meio de diferentes padrões de conexão. Johnson identifica sete desses padrões. Um deles recebe o nome de "possível adjacente". Ao descrever como as incubadoras evoluíram, Johnson destaca que as inovações podem vir da exploração dos limites do que existe atualmente. Cada avanço da incubadora ao longo de seus 140 anos de história dependeu da recombinação de partes existentes, projetadas originalmente para outros fins. Graças a esta recombinação, emerge uma nova ideia. Não podemos, no entanto, sair desta seção sem destacar o trabalho exemplar do historiador da ciência James Burke. Em seu livro *Connections* [Conexões] (e na série de televisão homônima), Burke rastreia múltiplas inovações através da história para mostrar como as ideias saltam de um campo para outro. Um líder ágil desenvolve as habilidades para fazer cada uma dessas coisas: para ver ativos em diferentes domínios e identificar suas interseções e/ou possibilidades de conexão e para unir as pessoas revelando seus ativos ocultos e identificando as oportunidades de associar-e-alavancar.

DESENVOLVENDO A HABILIDADE DE PENSAR DE MANEIRA HORIZONTAL

Se você não é uma pessoa que tem o costume de pensar de maneira horizontal, há boas notícias. Essa habilidade pode ser aprendida. Imagine que você está enfrentando uma situação de "arrancar os cabelos", tentando resolver um problema particularmente complexo. Este é um bom momento para fazer uma *caminhada reflexiva*. A ideia da caminhada reflexiva vem de um engenheiro e especialista em criatividade, Michael Michalko.

Uma caminhada reflexiva pode ser uma voltinha rápida pelo escritório; ou em um dia bonito ela pode ser feita ao ar livre no estacionamento, talvez você até aproveite para fazer alguma coisa na rua. Uma caminhada reflexiva pode inclusive ser um "passeio" mental de carro ou de metrô. Para onde quer que você vá, observe as coisas que cruzam seu caminho aleatoriamente, aquelas que você pega ou compra. No escritório, observe talvez o bebedouro ou o suporte de fita adesiva. Na caminhada ao ar livre, talvez você escute os sons dos pássaros, veja os narcisos que estão começando a florir, uma garrafa d'água abandonada ou qualquer outra coisa. Na rua, observe os itens que você pega em uma loja.

Não procure por coisas que tenham relação com o problema ou com a ideia com a qual você está trabalhando; procure selecionar itens sem nenhuma conexão aparente com seu problema ou sua ideia e sem nenhuma relação aparente entre si. Quando retornar da caminhada reflexiva, anote as características dos itens com os quais se deparou ou que adquiriu. Para aquele suporte de fita, você pode escrever palavras como *pegajoso, transparente, giratório.* Agora tente encontrar uma conexão entre uma ou mais dessas características e o problema ou ideia com o qual você está trabalhando. Aqui está um exemplo do autor Michalko de como uma caminhada reflexiva criou novas percepções para um engenheiro.

Um engenheiro estava trabalhando de modo seguro e eficiente para remover gelo dos fios elétricos durante uma nevasca. Mas ele esgotou suas ideias e nenhuma delas parecia ser adequada. Então ele fez uma pausa e saiu para caminhar. Durante a caminhada, visitou uma loja que vendia vários tipos de mel com uma grande variedade de embalagens. A loja anunciava o mel com a imagem de um urso gigante segurando um pote de mel. Ele comprou um pote para levar para casa e retornou ao escritório.

Em sua mesa, quando pensava ao mesmo tempo no mel, no perfil do urso e no problema da fiação elétrica, chegou a uma bela solução que "estava lá". Imagine, ele pensou, colocar um pote de mel no topo de cada poste de energia. Isso atrairia os ursos, que escalariam os postes para pegar o mel. As escaladas fariam os postes balançar e o gelo vibrar até se soltar da fiação. Embora fosse uma ideia boba, ela o levou a pensar no fenômeno da vibração, que o conduziu a uma solução relacionada à vibração. A solução que a companhia de energia elétrica fez foi trazer helicópteros para flutuar sobre a fiação congelada. Isso fez o gelo vibrar e sair da fiação. A solução não teve qualquer relação com mel ou ursos, mas ele não poderia ter chegado lá sem eles (Michalko, [s/d]).

GUIANDO UM GRUPO PARA PENSAR DE MANEIRA HORIZONTAL

Quando um grupo de pessoas começa a pensar de maneira horizontal, elas estão literalmente pensando juntas – e pensar junto é um fenômeno fascinante. Quando pensamos juntos de maneira horizontal, estamos na verdade criando uma *mente ampliada*. Esta ideia foi introduzida pela primeira vez pelo filósofo Andy Clark e pelo cientista cognitivo David Chalmers. Segundo Clark e Chalmers, a mente e a capacidade cognitiva de uma pessoa não estão limitadas à sua cabeça nem mesmo a seu corpo. A mente ampliada se estende para o mundo da pessoa, incluindo os objetos. O uso de listas de tarefas para aumentar nossa memória, por exemplo, é um meio simples de ampliar a mente. É claro que também usamos outros dispositivos de armazenamento e recuperação muito mais sofisticados, como computadores e internet, para ampliar nossa mente.

Em seu livro *The Knowledge Illusion: Why We Never Think Alone* [*A Ilusão do Conhecimento: Por Que Nunca Pensamos Sozinhos*], Steven Sloman e Philip Fernbach constroem a teoria da mente ampliada, observando que a mente de uma pessoa também se estende para as pessoas à sua volta. Além disso, sempre estamos recorrendo a informação e conhecimento estocados fora de nossa cabeça: em nosso ambiente, nas coisas que possuímos e na comunidade com a qual interagimos. O que poderíamos chamar de "ativos" estão por toda parte.

Como vimos no Capítulo 4, nossa abordagem para projetar e orientar colaborações complexas começa pela identificação de ativos que poderiam contribuir para potenciais soluções – ativos de habilidade e conhecimento, ativos físicos e naturais, ativos de capital, ativos sociais. Quando fazemos isso dentro de um grupo, estamos basicamente mapeando nossa mente ampliada e coletiva. Invariavelmente ficamos com uma rica coleção de ativos. A equipe pode então aproveitar esses vários ativos para projetar um conjunto de soluções possíveis.

Digamos que um grupo de cinco a sete indivíduos tenha ficado encarregado de projetar uma estratégia para resolver um problema complexo. Se cada pessoa tem cinco ativos, o grupo terá então de 25 a 30 ativos em seu inventário coletivo de ativos. Como vimos no Capítulo 1, quando abordamos a criação do telefone, misturar e combinar de diferentes formas esses ativos para criar soluções em potencial nos dá um conjunto quase infinito de possibilidades.

Desafios complexos vão exigir que consideremos e façamos testes com várias estratégias ou opções diferentes. Podemos construir essa lista selecionando nossos ativos e combinando-os de diferentes maneiras. Essa abordagem é simples mas eficiente para alcançar a variedade de opções necessárias que precisamos para lidar com desafios complexos. Se identificarmos nossos ativos, mesmo aqueles que estão escondidos, podemos conectá-los. Essa conexão nos permite literalmente pensar juntos de maneira horizontal. Conectar e alavancar ativos pensando horizontalmente e ajudando outros a fazer o mesmo é uma habilidade que pode ser aprendida. As soluções para os desafios complexos de hoje não se desenvolverão em hierarquias. Serão projetadas em redes que conectam e alavancam ativos. Serão desenvolvidas coletivamente por um pensamento horizontal e projetadas com a ajuda de líderes ágeis.

COLOCANDO A HABILIDADE PARA TRABALHAR: O LÍDER ÁGIL COMO CONECTOR

A habilidade de conectar e alavancar ativos é algo que algumas pessoas acham mais fácil que outras – os que naturalmente pensam de maneira horizontal podem desenvolvê-la com rapidez – mas é também uma habilidade que pode ser fortalecida com a prática. No início, você pode começar identificando um pequeno conjunto de ativos – talvez alguns ativos para cada uma das categorias apresentadas no capítulo anterior. Selecione aleatoriamente três ou quatro e veja se consegue descobrir uma maneira de eles serem combinados – a hipótese de um novo produto, serviço, programa ou iniciativa que possa ter algum valor. Deixe de lado seus instintos avaliativos e opte pela quantidade em vez da qualidade. Quando tiver esgotado as possibilidades para seu primeiro conjunto de três ou quatro ativos, repita com outro conjunto. Podemos usar essa mesma técnica "na vida real". Dedique um tempo para simplesmente debater novas possibilidades de combinar os ativos que você tem à sua disposição – se tiver dúvidas, escolha alguns aleatoriamente e pergunte: "E se combinássemos esses?", "Que tal esses?". Mesmo com poucos ativos, o número de possibilidades que você pode criar vai lhe deixar surpreso.

ESTUDO DE CASO:

ASSOCIANDO E ALAVANCANDO ATIVOS PARA CONSTRUIR UM *CLUSTER* INDUSTRIAL DE PONTA

Milwaukee, situada no Lago Michigan e na confluência de três rios, é a maior cidade de Wisconsin e a quinta maior do centro-oeste dos Estados Unidos. A cidade foi dominada pela indústria de manufatura até 1970. Muitas das indústrias tradicionalmente associadas a Milwaukee, como as cervejarias, aproveitaram a fácil disponibilidade de água para alimentar seu crescimento. Após o declínio significativo da manufatura na região, líderes locais começaram a refletir sobre como fariam para incentivar uma nova economia na cidade. Em 2007, líderes do governo recorreram à Universidade de Wisconsin, em Milwaukee, para que as possibilidades de aproveitar os ativos hídricos fossem consideradas na criação de uma economia do século XXI.

Em julho de 2008, a universidade fez contato com Ed e o convidou para conduzir um *workshop* com o Conselho Hídrico de Milwaukee a fim de identificar oportunidades para a cidade se tornar uma líder global em tecnologias de água potável. Já antes do *workshop*, os participantes sabiam que Milwaukee abrigava laboratórios e negócios que tratavam, cada um por si, de diferentes aspectos do ciclo hídrico completo – da entrega de água (torneiras e vasos sanitários) a peso e vazão, reutilização e purificação da água, filtragem de resíduos e esgoto. Mas o que fazer com essa informação? Os participantes começaram a pensar em alternativas para conectar e alavancar seus próprios ativos em colaborações que pudessem alimentar o desenvolvimento de novas tecnologias de água doce e tornar Milwaukee um centro global para a indústria da água. Uma dessas possibilidades se concretizou antes mesmo do término do *workshop*: dois CEOs se ofereceram para disponibilizar seus laboratórios de pesquisa para *startups* de tecnologia em água doce. De imediato, Milwaukee ganhava um novo e poderoso ativo para acelerar a formação de novas empresas. Esse passo aparentemente pequeno mostrava a todos que muito mais podia ser feito para conectar e alavancar ativos, e mais compromissos rapidamente surgiram.

Hoje, o Conselho Hídrico tornou-se um líder global em tecnologia de água doce. O conjunto inicial de ativos identificados ajudou a impulsionar o trabalho do conselho e, na última década, muitos ativos novos foram estabelecidos por meio dos esforços de colaboração que começaram no primeiro *workshop*. A cidade agora abriga mais de 200 empresas de tecnologia hídrica, muitas situadas em um novo "Distrito de Tecnologia Hídrica" que surgiu em um bairro onde nada existia antes. Milwaukee agora se gaba de contar com laboratórios de pesquisa hídrica para parcerias público-privadas, um parque tecnológico para negócios relacionados a água e a primeira escola de ciências da água doce do país. Desde 2010, o investimento total no Distrito de Tecnologia Hídrica é superior a 210 milhões de dólares, com os investimentos privados totalizando um pouco mais da metade desse montante. O valor das propriedades no distrito aumentou mais de 16%, contrariando a tendência de queda no valor das propriedades na cidade como um todo em virtude da recessão nacional. Dada a importância crescente da gestão da água em uma era de mudança climática global, o futuro econômico de Milwaukee é sem dúvida muito brilhante.

NOTA

1. **Essa** é outra lacuna da análise SWOT. O quadrante dos "pontos fortes" pode ser pensado como um inventário de nossos ativos. Enquanto for útil saber o que temos, o inventário de fato nos informa o valor fixo de cada ativo individual em um determinado período de tempo.

Capítulo 6

PROCURE A "GRANDE CHANCE" (HABILIDADE 5)

Nossos dias são cheios de escolhas. Decisões – o que, onde ou quando comer, entre outras – nos confrontam todos os dias. O que vestir, onde ir, qual a próxima compra, de que cor pintar o quarto e que flor plantar são apenas algumas de nossas muitas escolhas que parecem simples de fazer. Algumas escolhas são mais complexas: em que escola meu filho deve estudar, devo aceitar um emprego em outro estado, como invisto para ter um retorno melhor, devo me candidatar a um cargo político? Todas essas são perguntas que podemos nos fazer.

As escolhas individuais dependem de cada um de nós. Decidimos o que é melhor para nós. Podemos pedir sugestões, mas no final a escolha é nossa. Mas principalmente quando fazemos parte de um grupo e temos de fazer uma escolha, procuramos caminhos que sejam justos para todos os envolvidos e que atendam aos objetivos que o grupo fixou para si mesmo.

No Capítulo 5, você aprendeu a associar ativos a oportunidades. Os ativos podem ser combinados para criar um conjunto ilimitado de oportunidades para todos os efeitos práticos. Isso é uma boa notícia, mas não podemos fazer tudo de uma vez só. Para desenvolver e implementar uma estratégia eficaz, devemos transformar pelo menos uma de nossas ideias em ação. A razão é simples: nossos recursos são limitados. Muitas vezes as equipes podem ficar presas neste ponto ruminando as opções e o que deveria vir primeiro. A quinta habilidade que um líder ágil precisa desenvolver envolve analisar com eficiência as muitas opções para identificar uma que tenha a melhor chance de sucesso.

METODOLOGIAS DE TOMADA DE DECISÃO

Você provavelmente já usou muitos métodos diferentes para lidar com esse desafio; aqui está um resumo de alguns dos mais comuns. O primeiro é o *consenso*, em que todos concordam em apoiar uma determinada decisão. Assume-se que isso vai ao encontro do interesse de todos. A opção escolhida pode não ser a favorita de todos, mas é a única que o grupo, como um todo, apoiará. Um dicionário pode definir consenso (na melhor das hipóteses) como um sentimento de unidade em torno de uma crença ou ação proposta. O consenso pode ser difícil de alcançar; grupos que insistem nele por motivos filosóficos podem levar muito tempo tentando atingi-lo. Uma alteração no método de consenso leva em conta que você pode ter um indivíduo sempre atuante que insiste em uma determinada escolha enquanto todos os outros já se uniram em torno de uma escolha diferente. Essa alternativa é chamada *consenso menos um*. Todos devem concordar, com exceção de uma pessoa. Se essa única pessoa não consegue convencer mais ninguém, seguimos em frente. Mas enquanto houver pelo menos duas pessoas que não concordam com a maioria, o grupo não pode seguir em frente. O pressuposto por trás deste método é que se duas pessoas se opõem a uma opção, há provavelmente uma boa razão para que isso aconteça. Nesse caso, é preciso que haja mais conversa.

Como alternativa, você pode votar e deixar que *a opção da maioria* leve a melhor. Isso tem a vantagem de ser descomplicado. Contudo, se a votação estiver apertada, você corre o risco de sempre voltar a discussão sobre se a escolha foi *realmente* a certa. Uma variação do método de votação por maioria (em especial se houver um grande número de opções) é disponibilizar para cada pessoa um certo número de votos; cada pessoa pode alocar a quantidade de votos que quiser para qualquer opção em particular. Um modo comum de fazer isso é pela votação *adesivos de bolinhas coloridas,* na qual você dá a cada pessoa um certo número de adesivos de bolinhas coloridas que ela usará para registrar os votos em uma grande folha de papel onde estarão listadas as opções; e cada pessoa poderá dividir seus pontos de acordo com a opção que lhe parecer melhor. Os itens que receberem maior número de votos (pontos) sobem ao topo para serem mais discutidos e depois uma decisão é tomada.

A votação por escolha da maioria tem uma deficiência significativa: cada pessoa está (em geral) usando um critério para fazer sua escolha. Ela pensa consigo mesmas coisas como:

Isso seria rápido.
Isso não custaria muito; vamos escolhê-lo.
Essa ideia seria a mais popular entre nossos clientes.

Essa deficiência esconde dois problemas maiores: primeiro, não houve discussão sobre qual é ou deveria ser o critério. O segundo é que se o desafio for realmente adaptativo, pensar sobre as coisas com base em apenas um fator pode ser simplista demais. Alguns grupos reconhecem este problema e estabelecem um sistema de classificação bastante elaborado em que cada ideia é avaliada com o emprego de vários critérios. Depois todas as avaliações são somadas, às vezes ponderadas, de modo que um ou mais critérios somem mais que outros e um "vencedor" seja anunciado.

Esse método parece bastante científico, mas pela nossa experiência resulta em mais problemas que benefícios. Podemos levar o resto da reunião, ou até mais tempo, apenas para montar o sistema de classificação (há exceções: em nosso trabalho com os cientistas da NASA, não havia um complexo sistema de classificação disponível. Havia uma série de fatores diferentes, como o tempo da tripulação na Estação Espacial Internacional, taxas de gastos orçamentários e a extensão da base de conhecimento científico existente que os participantes tinham que considerar).

Em uma tomada de decisão, todas essas abordagens têm seu valor conforme as circunstâncias. Ao escolher uma delas, garantimos que as decisões sejam tomadas de forma justa e transparente – ou seja, não haverá "acertos por debaixo dos panos". Quando o grupo considera o processo justo, a confiança cresce. Com isso, o desempenho do grupo melhorará.

Pense em uma época em que seu entusiasmo por um projeto tenha diminuído e você poderá descobrir que a causa fundamental foi uma falta de confiança na legitimidade do processo. As pessoas podem inicialmente não apoiar a ideia escolhida, mas se o processo for justo o apoio pode ser conquistado. Essa regra de justiça na seleção entre opções é fundamental para a velocidade e o sucesso da implementação. Ao trabalhar com um grupo de pessoas, sobretudo quando elas não precisam conversar entre si, mas querem realizar juntas uma tarefa difícil, construir um processo aberto e justo demandará tempo e será necessário considerar com cuidado a opinião de cada pessoa. Em longo prazo, esse trabalho de preparação garante o entusiasmo e o desejo de sucesso por parte dos membros da equipe na implementação da tarefa acordada.

Em organizações hierárquicas onde as decisões vêm de cima e são implementadas embaixo, o compromisso pessoal com a execução é menor. A "sala no final do corredor" tomou a decisão, por isso a responsabilidade por ela fica difusa (e o nível de fofoca no escritório pode ficar alto!). A pior situação ocorre quando uma equipe se esforça para tomar uma decisão com cuidado e suas recomendações parecem ser ignoradas. Para uma verdadeira colaboração, como dissemos no Capítulo 1, a confiança precisa estar elevada. A construção da confiança demanda tempo, e vale a pena ter muito cuidado no início. À medida que os níveis de confiança aumentam, a velocidade cresce. Aqui, então, está o paradoxo: se quiser que sua organização seja rápida e ágil, comece devagar. Isso é ainda mais importante no caso de desafios complexos em que há um nível elevado de ambiguidade. A escolha que fazemos entre opções tem um tremendo impacto sobre o nível de confiança.

A MATRIZ 2 × 2

Recomendamos uma forma alternativa de tomar decisões desse tipo: a *matriz 2 × 2*. A matriz preserva a vantagem justa e transparente dos outros métodos discutidos anteriormente. Também permite que você considere dois critérios ao mesmo tempo.

Um exemplo de matriz 2 × 2 está representado na Figura 6.1. Neste exemplo, a decisão a ser tomada é onde construir uma nova escola. O conselho escolar identificou três locais possíveis (A, B e C). Os critérios são o custo da construção (os locais estão em diferentes tipos de terreno) e o nível de movimento que estaria em torno das novas escolas (algumas em bairros, outras em áreas mais congestionadas da cidade; todas as coisas sendo iguais, o conselho ia preferir construir a escola em uma área mais tranquila). Cada um dos cinco membros do conselho escolar faz sua própria avaliação desses fatores e escolhe um ponto na matriz para cada localização (assim, há 5 × 3 = 15 pontos na matriz). Não estava claro para o conselho qual seria a opção correta uma vez que não havia um local que fosse o mais tranquilo e nem o mais barato, mas a matriz lhes ajuda a visualizar que há, na verdade, uma opção que provavelmente é a ideal – Local B.

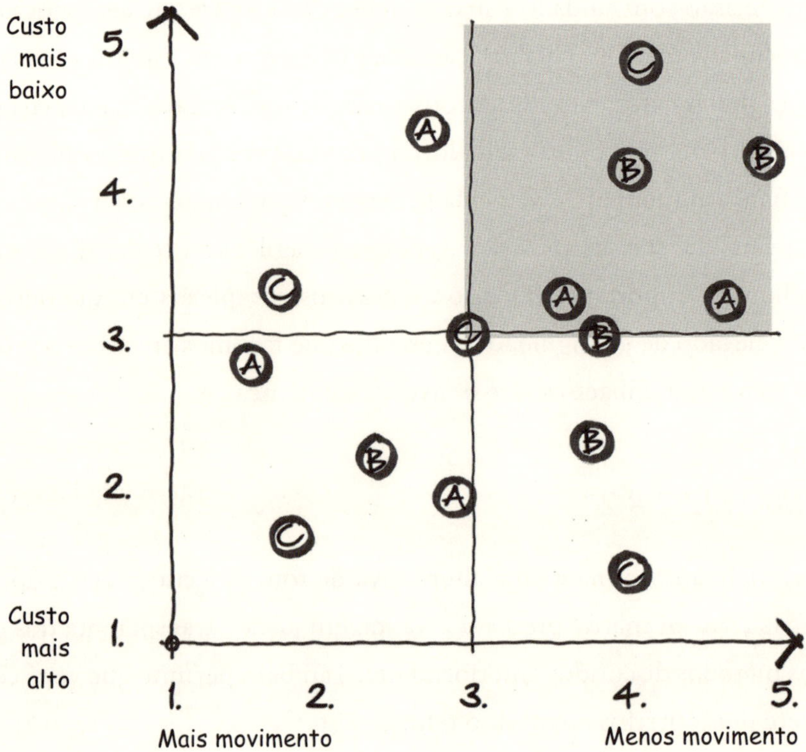

Figura 6.1 Uma matriz 2 × 2.

O modelo 2 × 2 é utilizado em inúmeras disciplinas, pois embora pareça simples, ajuda a extrair pensamentos mais sofisticados de um grupo. Ter que considerar dois critérios ao mesmo tempo força as pessoas a ver o potencial de "ambos/e", em vez de "um ou outro/ou". Naturalmente, você se pergunta "e se" para gerar visões alternativas. É uma ferramenta flexível e poderosa.

Usando a Matriz

Para usar esta ferramenta, há uma decisão muito importante que precisa ser tomada: qual o par de critérios que deve ser considerado?

Você pode usar qualquer par de critérios que considere mais adequado a seu desafio, mas sugerimos um par que tenha esses critérios em particular: impacto e facilidade de implementação (é por isso que o chamamos de *Grande Chance*). Você está em busca da oportunidade que tenha o *maior* impacto e que seja *a mais fácil* de implementar. As pessoas às vezes consideram que isso não tem lógica. Mas não é bem assim.

Por que esses dois critérios? Nossa experiência mostra que selecionar uma oportunidade inicial é indispensável para construir os laços de confiança necessários para entrarmos em projetos maiores que surgem com os desafios complexos. Queremos que as pessoas fiquem entusiasmadas com o que estão fazendo, e o sucesso inicial vai mantê-las envolvidas em longo prazo, atraindo outras para que oportunidades maiores se tornem mais viáveis. À medida que as pessoas constroem o sucesso traduzindo ideias em ação, elas também estão construindo confiança. À medida que estão construindo confiança, estão construindo a capacidade de fazer em conjunto um trabalho cada vez mais complexo. Focar na Grande Chance fornece o equilíbrio certo de onde começar.

O "Grande" na Grande Chance inspira as pessoas e as envolve emocionalmente. A "Chance" significa que há passos práticos que podem ser dados agora para que possamos seguir em direção a tal oportunidade. Juntas, estas duas dimensões asseguram que o grupo evitou dois riscos comuns: 1) selecionar uma ideia que é muito difícil de concretizar e que se torna desencorajadora, ou 2) selecionar algo que é fácil mas tão sem importância que acaba não despertando o interesse de ninguém.

Se uma equipe está trabalhando junta pela primeira vez, a oportunidade escolhida pode realmente parecer pequena e mundana. Por exemplo, trabalhamos com um grupo de moradores e líderes de uma cidade que estavam preocupados achando que a comunidade estava em declínio. Uma grande preocupação era a deterioração do centro da cidade – como na maioria das cidades, o comércio varejista havia se mudado para os bairros mais distantes, deixando uma sensação de vazio na rua principal. Depois de um dia de reunião ao ar livre discutindo a revitalização do centro da cidade, a equipe voltou com um projeto de construir jardins para deixar o centro da cidade mais bonito. E veio a reação dos que não haviam participado da reunião: "O que é isso? Um dia inteiro para decidir construir jardins?". Na realidade, os jardins seriam apenas o primeiro passo para que a equipe pudesse avançar para projetos maiores envolvendo compromissos mais sérios. A equipe passou a revitalizar o centro debilitado da cidade e encontrou inúmeras formas de trabalhar em conjunto que antes não teriam sido possíveis.

Como mostra esse exemplo, embora a Grande Chance possa parecer bastante pequena, resista ao impulso de crescer. Vimos inúmeros projetos iniciais como esses jardins – pequenos esforços que atraem atenção que por sua vez atraem mais apoio. As pessoas geralmente querem juntar esforços bem-sucedidos, e isso traz uma gama maior de habilidades e recursos para o projeto. A rede aproveita a oportunidade para aumentar e se expandir, e o trabalho mais complexo já poderá ser realizado. Pessoas que antes julgavam que nada poderia melhorar em um bairro, no centro de uma cidade, em uma empresa ou organização percebem a movimentação e querem dar apoio ao projeto.

Para entender por que isso acontece, pense novamente em nossa descrição de diferentes tipos de pessoas no Capítulo 1. Se você está apenas começando, é provável que tenha basicamente marinheiros de primeira viagem em volta da mesa. Os pragmáticos, em sua maioria, ficam distantes para ver se este esforço permanecerá de pé e se poderão confiar que o grupo saberá como tratá-los bem e valorizar o tempo que poderão dispor. Se você escolher uma oportunidade muito ambiciosa e perder o fôlego, jamais conseguirá que os pragmáticos se juntem a você. Mostre sucesso, mesmo que o empreendimento seja pequeno, e a probabilidade de eles apostarem no grupo será maior.

Em certos casos, membros de uma equipe podem já se conhecer bem. Contudo, maus hábitos podem ter prejudicado o entusiasmo da equipe. Talvez eles continuem se reunindo sem que haja decisões e progresso. Talvez cada um tenha em mente um projeto próprio. Ou, pior ainda, o cinismo pode ter corroído a vontade de fazer qualquer coisa juntos. A matriz 2 × 2 pode ajudar as equipes a colocar um ponto-final nos hábitos antigos e a mostrar as oportunidades sob uma nova perspectiva. Isso pode renovar uma equipe em torno do potencial de mudança e inspirar que outros se juntem a ela.

LIDANDO COM DÚVIDAS E COM CÉTICOS

Esse modo de escolher uma direção pode parecer bastante anticientífico. De fato, ele está apoiado na poderosa ideia de *intuição em grupo*. Quando há uma escolha complicada que precisa ser feita, um indivíduo pode saber exatamente, ou não, até que ponto a ideia terá impacto ou até que ponto será fácil descartá-la. Contudo, se um grupo de pessoas razoavelmente bem-informadas faz julgamentos individuais sobre as duas dimensões de impacto e facilidade, o peso combinado de todos esses julgamentos colocará o grupo na direção correta. Em nossa experiência, com o uso de uma matriz 2 × 2 para trazer à tona uma intuição estratégica compartilhada, as equipes obtêm *insights* mais rápido, aprendem mais rápido e agem mais rápido.

As probabilidades são de que a oportunidade escolhida seja realmente sua Grande Chance. Mas e se você encontrar pessoas que duvidam? Estruturar seus próximos passos da mesma maneira que os desenvolvedores de *software* – dando pequenos passos para "comprovar" a Grande Chance – é uma forma de responder a essa preocupação. Se os primeiros passos rumo à sua Grande Chance provarem que ela era enganosa, o grupo pode facilmente voltar atrás e se concentrar em outra oportunidade. Esse "período de testes" é uma vantagem importante da estratégia ágil em detrimento do planejamento estratégico tradicional. Quando meses e milhares de dólares foram gastos desenvolvendo um plano estratégico, é muito difícil admitir que algumas das suposições estavam erradas. Com uma estratégia ágil, uma quantidade limitada de tempo será "desperdiçada" caso a equipe esteja avançando por um caminho que venha a ser equivocado. Mesmo que tenha escolhido o momento errado para começar, é provável que o grupo aprenda bastante com esse fracasso. Se avaliarem rapidamente o que está errado e tentarem aproveitar outra oportunidade, é provável que fortaleçam hábitos de aprendizagem compartilhada e de comunicação franca. Enfrentar juntos acontecimentos difíceis também gera confiança. Nesse sentido, a estratégia ágil nos capacita a gerenciar os riscos de uma maneira que o planejamento estratégico tradicional nunca será capaz.

Outra dúvida comum sobre o uso do método da Grande Chance é que pode parecer prematuro tomar qualquer decisão. Em outras palavras, alguns membros do grupo podem sentir a necessidade de obter mais informação. Mas há um risco real de adiar uma decisão sobre o melhor momento de prosseguir. O grupo pode ficar fixo em um ajuste infinito de sintonia fina, na classificação e reclassificação. Procurar mais dados pode simplesmente atrasar a transformação de ideias em ação. Como estamos nos deparando com complexos desafios adaptativos, temos de aceitar quatro realidades. Primeiro, o atraso – conversar muito e não agir – destrói a confiança. Se obter mais informação é simplesmente uma desculpa para não fazer nada, a confiança em seu grupo começará a se evaporar. Segundo, é impossível ter informação suficiente para analisar um desafio complexo por completo antes de começarmos. Terceiro, só iremos realmente aprender algo sobre este desafio complexo quando começarmos a fazer algo juntos. Precisamos experimentar e testar nossas ideias. Quarto, podemos ao mesmo tempo "gerar" e "consumir" dados ao fazer perguntas *enquanto* avançamos. Ao explorar as respostas, buscaremos mais dados para nos guiar. Recomendamos que você escolha uma oportunidade que motive o grupo para uma ação imediata.

Às vezes é tentador combinar oportunidades para limitar o escopo da escolha – parece ser mais seguro do que escolher apenas uma. No entanto, não recomendamos esta manobra – a ideia pode ficar confusa, tornando-se difícil dizer se é realmente uma Grande Chance. Se as pessoas responsáveis pelos julgamentos são razoavelmente perspicazes, você pode ter certeza de que qualquer escolha provavelmente é muito boa.

Finalmente, você pode descobrir que o que escolheu como Grande Chance não se encaixa em uma progressão que está na sua cabeça (ou na de outra pessoa) sobre como a oportunidade geral deve se concretizar. Poderá surgir um debate sobre uma sequência de várias ideias. O que deve vir primeiro? Se os ativos estiverem a postos para lançar a Grande Chance, recomendamos que siga em frente e não se preocupe com a ordem. Dado o entusiasmo e o desejo de sucesso, a equipe descobrirá que, uma vez finalizada a oportunidade inicial, poderão passar à próxima oportunidade e a ordem se resolverá sozinha. Com o tempo, as oportunidades vão se conectar e a velocidade do seu trabalho aumentará à medida que sua equipe cresce. Você também melhorará sua capacidade de identificar a próxima oportunidade a ser aproveitada.

COLOCANDO A HABILIDADE PARA TRABALHAR: O LÍDER ÁGIL COMO DEFINIDOR DA PRIORIDADE

Usar a matriz 2 × 2 como um meio de escolher entre diferentes opções é tão simples quanto desenhar uma grade de quatro quadrados em um pedaço de papel (se está trabalhando em um grupo, desenhar uma grande matriz em um cavalete). Coloque um critério ao longo da parte inferior e outro de um dos lados. Rotule as extremidades de cada um desses eixos – uma extremidade é alta, outra é baixa. Cada pessoa vota indicando onde ela acha que cada ideia se encaixa na matriz (um modo fácil de fazer isto é usar adesivos de bolinhas coloridas; atribua uma cor diferente a cada ideia ou enumere-as). A oportunidade que tiver o maior número de votos no quadrante que representa notas altas para ambos os critérios é a "vencedora".

Há muitas formas de começar a usar a matriz 2 × 2 para ajudá-lo a fazer escolhas. Um modo interessante de explorar a ideia é achar a Grande Chance em sua própria vida. Em casa faça uma lista de projetos que você esteja querendo realizar há um tempo e procure avaliá-los na escala de impacto e facilidade, ou preço e facilidade, ou preço e impacto.

Ao praticar a Grande Chance, você encontrará suas habilidades para fazer escolhas melhores. Líderes ágeis usam essas habilidades para ajudar a orientar escolhas sobre que oportunidades fazem mais sentido, mesmo quando o ambiente é complexo.

ESTUDO DE CASO:

ENCONTRANDO UM MEIO DE DAR A PARTIDA EM UMA NOVA ATIVIDADE ECONÔMICA

A região sul de Indiana, ao norte de Louisville, Kentucky, tem uma rica herança agrícola, que ainda é um fator econômico dominante em muitas de suas comunidades. No início dos anos 1980, dois *outlets* diferentes foram construídos ao lado de duas saídas de uma mesma estrada, a Interstate I-65, que atravessa a região. Havia muita expectativa de que esses novos empreendimentos dessem vida nova à economia. Um dos *outlets* decolou e continua sendo um destino de compras na região. O outro, o menor dos dois, nunca chegou realmente a ter o impacto que os líderes do empreendimento haviam esperado dele. Durante anos, a instalação foi muito subutilizada. Líderes locais decidiram então que uma boa reforma da instalação poderia convertê-la em um centro de distribuição agrícola para melhor aproveitamento do varejo relacionado à agricultura. Um trabalho de base e a devida dedicação foram levados à frente. Meses e anos se passaram sem grande avanço.

Frustrados com a falta de progresso, um tipo diferente de conversa começou a surgir – focou-se menos no que a região não tinha (investimento para dinamizar um *outlet*) e mais no que tinham. Scott foi convidado a participar dessas novas conversas por meio de seu cargo no escritório da Extensão Cooperativa da Purdue. A extensão cooperativa é uma iniciativa presente em instituições *land grant* que serve como ligação entre o conhecimento criado na universidade e a aplicação dessas ideias em comunidades locais.

O grupo percebeu que, embora a reforma do *outlet* pudesse de fato ser uma ferramenta para desenvolver uma economia de base agrícola, talvez ela não fosse a única. Na realidade, talvez houvessem muitas ferramentas. Uma oportunidade em particular emergiu como uma Grande Chance, a grande ideia em potencial que seria fácil implementar – mais fácil, ao que parecia, do que a oportunidade associada ao *outlet*.

O grupo foi liderado por um empreendedor de TI chamado Tim Burton, que havia começado um negócio paralelo fazendo xarope de bordo com as árvores de sua região. O grupo começou a considerar a ideia de fazer um festival de xarope de bordo para ajudar a celebrar a herança agrícola e talvez aplicar uma injeção econômica neste lado da região.

Outras comunidades de Indiana também tinham festivais de xarope de bordo e o grupo inicialmente entendeu que a região da Nova Inglaterra, nos Estados Unidos, teria sem dúvida uma espécie de monopólio do mercado de festival de xarope de bordo. No entanto, por meio de uma pesquisa, o grupo ficou sabendo que nenhuma comunidade do país tinha um festival *nacional* de xarope de bordo. Então, Tim e seus amigos rapidamente reivindicaram o condado de Jackson, mais especificamente Medora, em Indiana, (população 697) como sede do Festival Nacional de Xarope de Bordo.

O primeiro festival nacional de xarope de bordo foi realizado 15 meses mais tarde. Logo a notícia começou a se espalhar e o festival anual começou a atrair milhares de visitantes. Tim vendeu seu negócio de TI e começou a trabalhar em tempo integral na produção e distribuição de xarope de bordo, chamando seu novo empreendimento de Burton's Maplewood Farms. A pequena Medora, em Indiana, agora exporta, para todos os Estados Unidos, seus produtos com xarope de bordo. E não estão vendendo o xarope apenas como uma *commodity*. O modelo de negócio de Tim inclui parceria com destilarias regionais para envelhecer seu xarope em barris de rum e uísque, vendendo para muitos dos melhores *chefs* dos Estados Unidos e para clientes através de mercados de agricultores e eventos de comida *gourmet* em todo o país. E o festival? Depois de alguns anos ele havia crescido demais para a pequena Medora, por isso virou um festival regional que agora se estende por vários condados do sul de Indiana.

Capítulo 7

CONVERTA SUAS IDEIAS EM RESULTADOS COM CARACTERÍSTICAS MENSURÁVEIS (HABILIDADE 6)

Alguns de vocês estão pensando seriamente em pular este capítulo – as palavras "resultados" e "mensuráveis" não soam como ideias sobre as quais as pessoas queiram pensar muito. Continuem lendo e nos deem uma chance de mudar sua opinião.

Aqui está a declração de visão de uma grande organização a que tivemos acesso recentemente (os nomes foram trocados para proteger os inocentes):

> Seja o líder global que tenha valor para o cliente.

Essa declaração é francamente nada mais que uma coleção de palavras que não dizem *nada* sobre a missão principal da organização. O pior é que provavelmente levou semanas ou meses para ser redigida e é muito provável que tenha havido um contrato dispendioso com um consultor que proporcionou assistência especializada.

Podemos rir, mas a maioria de nós está em uma dessas equipes. Em retrospecto, não poderíamos acreditar que participávamos deste tipo de processo. Como isso aconteceu? Começa com a melhor das intenções.

Você está na primeira reunião de uma nova rede ou organização. Em pouco tempo, alguém diz: "Sei do que precisamos... uma declaração de visão". Há muitos acenos de concordância ao redor da mesa... temos agora uma situação concreta após a sinuosa conversa inicial. "Enfim", cada pessoa diz a si mesma, "temos uma direção". Todos mergulham avidamente naquelas palavras.

Mas após um momento – às vezes só depois de várias reuniões – o grupo se vê *ainda* tentando encontrar uma linguagem que todo mundo aceite. As pessoas passam de palavras descritivas mais específicas para conceitos mais gerais. Antes que percebam, chegam a uma declaração de visão como a que temos acima. E muitas e muitas vezes, não sabem realmente o que fazer depois de terem "ratificado" a visão.

Com o entendimento da habilidade deste capítulo, sugerimos que você faça as coisas de maneira muito diferente. Pode haver um tempo e lugar para criar uma declaração de visão para uma organização completamente nova, mas seja qual for o ambiente não se engane: uma declaração de visão não vai ajudá-lo a realizar nada. Se você tem uma direção básica, isso basta para seguir em frente. Líderes ágeis sabem como traduzir ideias em resultados significativos e mensuráveis, que quando perseguidos ajudarão as organizações a alcançar seus ideais mais almejados.

GRANDES IDEIAS ESTÃO ABAIXO DA SUPERFÍCIE

Se uma declaração de visão não conseguir fazer as coisas andarem, como você deveria agir? Em vez de deixar a discussão ficar cada vez mais geral, líderes ágeis fazem com que a conversa fique mais profunda. Não se contentam com adjetivos e substantivos vagos e agradáveis. Ajudam os grupos a ter o tipo de conversa profunda que lhes permitirá explorar o que estão realmente esperando, aquilo com que sonham em realizar com a equipe.

Imagine que você está projetando uma casa com sua parceira ou parceiro. Você encontra com a arquiteta, que pergunta como você quer que seja a cozinha. "Gostaria que parecesse uma cozinha industrial", você diz, "com todos os eletrodomésticos de aço inox, de nível profissional, paredes de granito preto, esse tipo de coisa". Sua parceira ou seu parceiro olha com espanto para você. "Achei que tínhamos concordado que a cozinha seria como a da casa que alugamos ano passado no lago... você sabe, "*glamping*" (*glamour* + *camping*)! Com muita madeira – aconchegante, mas luxuosa!"

Felizmente, sua arquiteta já teve que fazer muitos projetos desse tipo. Ela não vai deixar que vocês cheguem ao ponto de se divorciarem por causa desse tipo de coisa. Ela faz uma pergunta que você não estava esperando: "Me falem o tipo de experiência que vocês enxergam vivenciando na cozinha, se ela for luxuosa". Vocês dois ficam um momento calados e então sua parceira diz: "Vejo uma comida muito gostosa sendo preparada". "Acompanhada de um bom vinho", você acrescenta. Então as ideias vêm com rapidez: há música – talvez as pessoas comecem até a dançar. Risos altos. As pessoas ficam lá em vez de ir para a sala de estar. É confortável para os amigos que são pais e têm que levar os filhos às festas que vão. Você pode limpar tudo em poucos minutos. Na verdade, fica difícil *parar* de falar sobre a nova e maravilhosa cozinha.

"Tudo bem", diz a arquiteta. "Podem voltar aqui na semana que vem?". E no próximo encontro, ela abre o *laptop* e mostra um daqueles programas que os deixam andar por um espaço virtual. Há uma cozinha na tela, onde ela também colocou algumas pessoas que, obviamente, estão gostando do lugar. Ela faz a panorâmica de 360 graus para que vejam tudo em volta. "Sim!", dizem vocês dois. "É o que estávamos tentando descrever na semana passada".

A arquiteta sabe muito bem que não deve apontar o que nós, os observadores invisíveis da tela, reparamos: a cozinha não se parece em nada com aquela que você descreveu – não há bancada de granito preto. E também não se parece muito com a que foi descrita por sua parceira ou seu parceiro – é grande demais para que possa ser descrita como "aconchegante" e não há madeira rústica à vista.

O que acabou de acontecer? Você se comprometeu? Não. Um compromisso resultaria em armários rústicos com muito granito preto ou eletrodomésticos industriais amontoados em um espaço pequeno. Vocês *dois* teriam detestado isso. Sua arquiteta entregou uma cozinha na "declaração de visão" feita por vocês – um espaço vazio com apenas a estrutura para que vocês soubessem que de fato haveria armários, bancadas e eletrodomésticos? Essa abordagem só teria adiado a discussão para uma data posterior.

O que a arquiteta fez foi trabalhar a partir do que vocês imaginaram como uma cozinha "bem-sucedida". Sabia que na realidade vocês não estavam muito preocupados com a cor do balcão e o tamanho exato não era um caso de vida ou morte para sua parceira ou seu parceiro. O que transcendia todas essas coisas era o que queriam sentir quando estivessem naquele local... vocês chegaram ao ponto de falar sobre coisas muito específicas que aconteceriam lá.

TRÊS PERGUNTAS A FAZER

Quando estamos ajudando grupos a adotar uma abordagem estratégica ágil, pedimos que reflitam sobre três perguntas:

1. O que vamos ver, se formos bem-sucedidos?
2. O que vamos sentir?
3. Que vidas serão afetadas e como?

Essas perguntas são muito qualitativas de propósito. Pedem que você imagine como uma coisa seria e que a descreva para que outros também possam imaginá-la – quanto mais específica for a resposta, melhor. Isso pode parecer desconfortável, em particular se você tiver mais familiaridade e trabalhar mais com dados, tabelas e gráficos. Tente deixar de lado seu desconforto e trabalhar com as partes mais visuais e criativas de seu cérebro. Muitas vezes mandamos as pessoas fecharem os olhos por alguns minutos e ficarem em silêncio quando elas chegam a este ponto. Depois pedimos que verbalizem o que estão imaginando.

O que é essa coisa "sentimental" a que estamos recorrendo? Há uma palavra técnica para o que você está fazendo: *prospecção.* A melhor maneira de descrever a prospecção é esclarecendo que ela está nos relembrando... à frente. Quando você relembra, não está apenas lembrando de *fatos* sobre algo do passado, por exemplo: "Minha avó nasceu em 1907, ela mora em Minnesota". Existe um elemento emocional na reminiscência: "Me lembro de ir à casa de minha avó e fazer biscoitos com ela". Fisiologicamente, quando nos relembramos, nosso cérebro libera dopamina na corrente sanguínea – a mesma química que está presente no choque de prazer que as pessoas obtêm de drogas viciantes, como anfetaminas. Da mesma forma, a prospecção, em que você imagina um futuro de sucesso (em vez do passado), fornece a mesma liberação de dopamina. Você fica acometido pelo sucesso de maneira emocional. E a *emoção* – não vagas declarações de visão – é o que impele as pessoas à ação.

Quando você colocar essa habilidade em ação, algumas coisas vão acontecer. Primeiro, a própria ideia começará a mudar. Você sairá da imagem difusa de uma TV em preto e branco (lembra delas?) para a alta definição. Para ilustrar o que queremos dizer, imagine um grupo trabalhando na melhoria da escola. Eles decidiram que o objetivo é *melhorar a experiência de aprendizado dos estudantes do ensino fundamental.* Provavelmente todos vão concordar com essa ideia. Mas tudo ainda está muito confuso: Estão falando de modificar o currículo? De alterar o espaço das salas de aula? De aprimorar a qualificação dos professores? Cada pessoa na sala poderia achar que cada uma dessas perguntas é uma meta bastante específica e ainda assim ter um conjunto de suposições completamente diferentes sobre seu significado.

Quando fazem as três perguntas que sugerimos anteriormente a si mesmos, temos o seguinte rascunho das respostas:

1. Todos os nossos alunos sairão correndo dos ônibus e entrarão na escola de manhã por estarem muito entusiasmados com a experiência de aprendizado que sabem que vão ter.
2. Sentiremos muito orgulho da nossa escola – teremos líderes educacionais de todo o estado vindo nos visitar porque fomos reconhecidos como uma excelente escola.
3. Nossos alunos estarão preparados para as disciplinas mais desafiadoras do ensino médio para que possam seguir suas aspirações profissionais.

Vê a mudança? Pode não ser exatamente o que todos tinham em mente, mas quando alguém descreve como acredita que seria o sucesso, outros podem lhe dar razão. As pessoas dizem coisas como: "Sim, achei incrível... eu estava pensando em algo um pouco diferente, mas você realmente tocou no âmago da coisa".

Nas declarações do grupo está um futuro que cada um deles gostaria de ver: querem que os alunos estejam extremamente envolvidos no processo de aprendizagem para que isso resulte em grandes realizações. Quando os membros do grupo compartilham suas opiniões, a ideia pode ficar mais concreta à medida que novas dimensões são descobertas. Imagine que um membro do grupo fale:

> Acho que estamos perdendo alguma coisa. Aqui está o que eu disse na pergunta "que vidas serão afetadas?". Teremos

> professores de uma ponta a outra do país implorando para trabalhar em nossa escola porque terão a liberdade de serem excelentes em vez de terem de "ensinar para a prova". Não estamos tentando fugir das provas constantes?

Essa declaração introduz um novo elemento e a conversa torna-se mais profunda para dar conta dele – estão falando sobre preparação para a faculdade ou sobre testes padronizados? Ao usar essa técnica, o líder ágil precisa continuar fazendo com que o tema avance até que eles cheguem às aspirações e aos sonhos mais profundos que foram compartilhados. O grupo pode refinar um pouco a primeira afirmação para incorporar a nova ideia:

> De manhã, todos os nossos alunos saem correndo dos ônibus e entram na escola porque estão muito entusiasmados com a experiência de aprendizagem que os espera – ela está baseada na exploração de ideias, não em se preparar para um teste.

Uma coisa importante que acontecerá quando você aplicar essa técnica é que cada pessoa se envolverá emocionalmente com o resultado. Se tivéssemos *scanners* de ressonância magnética como os *scanners* dos laboratórios de pesquisa do cérebro, veríamos a dopamina percorrendo a corrente sanguínea dos membros do grupo! O grupo não é mais uma força-tarefa da qual eles fazem parte, mas algo com que estão pessoalmente comprometidos. As pessoas começam a falar com convicção, a gesticular. Estão vendo os resultados "com os olhos da mente". Para uma transformação real (em qualquer área) você precisará desse engajamento, desse compromisso. Quando você vir essa linguagem corporal, saberá que está no caminho certo.

MEDINDO

Todos nós vemos as coisas de acordo com a nossa própria perspectiva. Uma árvore pode ser descrita como gigantesca por alguém do deserto, enquanto uma pessoa que cresceu rodeada de sequoias, pode achar que aquela árvore não é das maiores. Se os dois se encontram e descrevem a árvore um para o outro, podemos apostar que as descrições serão muito diferentes. Se essas duas pessoas quiserem ter uma conversa produtiva, precisarão ter uma maneira de falar sobre a árvore que não dependa de suas próprias experiências. A única maneira de saber com precisão o tamanho da árvore é medindo-a ou comparando-a com algo que as duas pessoas tenham visto.

Muita gente não gosta de métricas porque elas são usadas com muita frequência como declarações de sucesso ou fracasso ou como meio de controle. Essa situação nos convida a pensar sobre métricas de um modo diferente: métricas são uma forma de desenvolver uma linguagem em comum para sabermos que estamos falando sobre a mesma coisa. Se você consegue chegar a um acordo sobre o que seria um resultado bem-sucedido, consegue ter certos indícios de que você e o outro estão falando sobre a mesma coisa. Por exemplo, a declaração sobre os alunos chegarem toda manhã entusiasmados à escola poderia ser medida (entre outras coisas) por um rastreio de faltas.

A outra razão que torna as métricas impopulares está na dificuldade de reunir dados com alguma precisão. Podemos ter de comprar um novo equipamento, treinar outras pessoas para fazer as métricas, aprender a mexer com o *software* para analisar os dados ou obter aprovação para lançar uma pesquisa. Isso pode significar a contratação de nova equipe ou de um avaliador externo apenas para ter certeza de que tudo foi feito corretamente e está em conformidade com as leis ou os requisitos de um financiador. Não é de se admirar que fiquemos tremendo por dentro ao ouvir a palavra!

Você ficará aliviado ao saber que para nossos propósitos selecionar os meios pelos quais você poderá medir um resultado *não* significa necessariamente que você esteja se comprometendo a de fato realizar a medição. Você poderia fazê-la... ou não. Você não está desenvolvendo uma avaliação, um plano de análise ou se comprometendo com Indicadores-Chave de Desempenho. *Por ora*, você está usando a habilidade em questão apenas como um meio de se envolver e se alinhar com membros de um grupo para ter acesso a um resultado compartilhado. Você tem a liberdade de pensar de modo amplo sobre o que seria o sucesso – se uma série longitudinal (e muito ampla) de grupos focais com usuários fosse a melhor maneira de medir se um projeto, produto ou serviço atingiu as metas originais, escolha esse modo de medição. Ou talvez você selecionasse algo simples e intuitivo. O ponto que destacamos é este: para conseguir alinhamento dentro de um grupo, você precisa definir um resultado compartilhado sobre o qual todos possam ter uma boa imagem mental. Precisa deixar a conversa mais profunda, com uma especificidade que seja suficiente para conseguir estabelecer métricas. Quando você começa a descrever o futuro com métricas, já ultrapassou o limiar da linguagem vaga. Você está agora se comunicando com cada pessoa com clareza suficiente para que ela possa "ver" o que os outros estão pensando. Você está alcançando o alinhamento em direção a um resultado. Este uso das métricas se mantém à parte da avaliação formal. Claro que a avaliação é importante e você pode decidir que as medidas identificadas por você formam os blocos de construção de um plano de análise – mas isso deve ser uma decisão separada.

Voltando ao exemplo da escola, os participantes do grupo podem concordar que o número de faltas seria uma boa maneira de medir o tipo de envolvimento que os estudantes apresentam ao "sair correndo do ônibus". Agora, eles podem estar bem confiantes de que chegaram a uma conclusão sobre o que significa engajamento. Mas vamos olhar para o que pode acontecer se um grupo decidir pular a conversa sobre o significado do sucesso e sobre as possíveis métricas de acompanhamento. Quando você se atém às declarações de visão geral (mesmo que não as ache assim tão gerais), poderá ter que lidar com raiva e desentendimentos dentro de algumas semanas ou meses depois: "O quê?! Achei que estávamos fazendo 'isto', não 'aquilo'!". Uma pessoa pode pensar que o envolvimento do estudante significa que ele fará seus deveres de casa até o fim do ano letivo. Outra pessoa pode achar que o envolvimento do estudante significa a soma de tempo que ele gasta em atividades extracurriculares. O ponto é que o termo "envolvimento" é muito vago para garantirmos alinhamento. Precisamos ir mais fundo e descrever o futuro que queremos criar. Precisamos descrever o que as pessoas verão, sentirão e farão.

De maneira menos óbvia, sem uma conversa mais profunda, as pessoas podem decidir que realmente não têm tempo para "mais uma comissão". Elas votarão de qualquer maneira e sairão de cena. Elas não discordam da declaração de visão, mas tal visão nunca chegou a ter uma forma concreta em sua imaginação. Com frequência, quase nada acontece depois da declaração de visão – o grupo ainda não tem certeza do que deveria *fazer*. Para os pragmáticos do grupo, outras demandas mais urgentes os levarão a decidir que eles simplesmente não conseguem participar dessa iniciativa. Você perdeu tempo e, principalmente, a confiança mútua dos participantes.

Sob certos aspectos, essa habilidade é a mais ilógica dos dez deste livro. É fácil achar que qualquer acordo rápido sobre objetivos razoavelmente gerais – mesmo uma declaração de visão vagamente redigida – é algo positivo. Quando começamos a escrever este capítulo, Ed compartilhou uma história de seu trabalho na China. Durante os anos 1990, ele negociou uma série de acordos de *joint venture* para seus clientes. Seu colega chinês, um ex-agente de inteligência do governo chinês, tinha ganhado muita experiência observando como os gestores americanos negociavam com seus parceiros chineses. Ele mencionou que os gestores americanos frequentemente pulavam com muita rapidez para a assinatura do contrato sem ter uma compreensão mais profunda dos resultados compartilhados: mais precisamente de como benefícios mútuos seriam gerados. O colega chinês de Ed tinha até uma expressão que captava o que acontece quando os sócios não entendem por completo onde querem chegar. Inevitavelmente, problemas surgirão porque os parceiros acabam "dormindo na mesma cama, mas tendo sonhos diferentes".

Portanto, embora seja tentador avançar de uma maneira um tanto vaga, nossa experiência é a mesma do colega chinês de Ed, e não apenas quando estamos lidando com *joint ventures* internacionais. A imprecisão tende a condenar o trabalho desde o início. As palavras não envolvem emocionalmente as pessoas, que, sem emoção, não persistem. Você pode ficar com receio de que uma conversa mais profunda desencadeie divergências e brigas. Mas líderes ágeis sabem que acontece exatamente o contrário. Podemos superar a apatia com clareza e especificidade e evitar futuras divergências tendo uma conversa mais profunda neste instante. Líderes ágeis que dão esse passo colhem grandes benefícios à medida que o grupo continua o trabalho em conjunto, mais disposto que nunca a garantir que seus esforços sejam bem-sucedidos.

COLOCANDO A HABILIDADE PARA TRABALHAR: O LÍDER ÁGIL COMO APANHADOR DE SONHOS

Ao utilizar essa habilidade, o líder ágil ajuda o grupo a articular seus sonhos e torná-los suficientemente tangíveis para serem perseguidos. Como você já pode ter suspeitado, o ponto de partida é fazer as três perguntas: O que veríamos? O que sentiríamos? Quem teria uma vida diferente e diferente como? Separe um tempo para uma conversa substancial e um tanto sinuosa – embora seja provável que não demore tanto quanto algumas conversas sobre declarações de visão!

Tente chegar a pelo menos três afirmações como resposta – não necessariamente uma resposta para cada uma das perguntas (às vezes uma ou mais perguntas simplesmente não se conectam a um conceito específico), mas um total de três ou quatro comentários. É tentador apenas votar nas afirmações mais populares e seguir em frente. Resista a essa tentação e utilize o tempo que for necessário, dentro do razoável, para encontrar aquelas que realmente lhe dizem alguma coisa – pela nossa experiência, entre 20 e 40 minutos é um prazo adequado.

Assim que tiver as afirmações sobre o que seria um resultado bem-sucedido, volte a cada questão e cite algumas maneiras pelas quais você poderia medir essa qualidade. Não se esqueça de que você ainda não tem o compromisso de *fazer* a medição – neste estágio, está apenas tentando ter certeza de que todos entendem o resultado da mesma maneira. Por enquanto, você tem a liberdade de propor um caro estudo longitudinal ou um dispendioso sistema de acompanhamento (claro que antes de realmente lançar um projeto você vai querer voltar à conversa sobre como monitorar o progresso e acessar resultados).

Somente quando temos certeza – com detalhes – do que estamos querendo, podemos realmente seguir em frente. Essa habilidade permite que líderes ágeis orientem grupos pelo tipo de conversa que for necessário para chegar a um compromisso compartilhado com um destino comum. Com uma imagem clara de sucesso e de como ele pode ser medido, o grupo está pronto para considerar as ações que levarão a esse sucesso.

ESTUDO DE CASO:

USANDO MÉTRICAS PARA IMPULSIONAR NOVAS ESTRATÉGIAS DE DESENVOLVIMENTO DE FORÇA DE TRABALHO EM KOKOMO

Uma vítima da crescente globalização na indústria veio com a decisão da Delphi Automotive de cortar 600 empregos em Kokomo, Indiana. A Delphi fazia parte da família General Motors e tinha 200 mil funcionários em todo o mundo desenvolvendo eletrônicos para a fabricação de automóveis da GM. Em 2005, a empresa decretou falência. Em Kokomo, as demissões atingiram engenheiros e desenvolvedores de tecnologia particularmente competentes – empregos com alta remuneração cuja perda causou um tremendo efeito cascata ao redor de Indiana central e do norte. Recuperando-se da demissão, líderes locais assinaram avidamente um contrato de parceria com a Universidade de Purdue candidatando-se para participar dos benefícios de uma subvenção de 15 milhões de dólares do Departamento de Inovação da Força de Trabalho dos EUA em verbas para o Desenvolvimento Econômico Regional (WIRED*). O contrato previa operação em uma região de 12 condados, tendo Kokomo no centro. Quando chegou a notícia de Washington de que o pedido fora bem-sucedido, Scott convocou representantes de mais de 100 organizações regionais para conversas sobre como preparar uma força de trabalho regional para a economia do século XXI. Um conjunto de fóruns cívicos foram organizados para explorar quatro áreas focais: desenvolvimento de

* *Workforce Innovation in Regional Economic Development* [Inovação da Força de Trabalho no Desenvolvimento Econômico Regional]. (N. do T.)

talentos, empreendedorismo, liderança cívica e expansão do *cluster* econômico.

Apresentamos uma prévia desse projeto na introdução deste livro, mas agora gostaríamos de explicar exatamente como a iniciativa alcançou resultados notáveis. A equipe da Purdue tratou a subvenção exatamente como faria se estivesse lidando com capital de risco: cerca de três quartos do dinheiro foi usado como um fundo de oportunidades que incentivaria grupos de pessoas a abordar metas específicas estabelecidas pelo Departamento do Trabalho. Ao considerar como estruturar o processo, pensaram no que consideravam sucesso. Um critério passou à frente: apenas ideias que incluíssem a colaboração de empresas e condados seriam financiadas. Eles também pediram que seus parceiros – os grupos que estavam pedindo financiamento – estabelecessem suas próprias métricas de sucesso (cerca de 200 métricas ao todo no decorrer do projeto). Fundos foram disponibilizados em etapas, com pequenas quantias de financiamento para trabalho exploratório.

Os fóruns iniciais trouxeram ideias para as subvenções exploratórias – cerca de 60 possibilidades sobre como construir uma força de trabalho moderna na região. Algumas experiências funcionaram; outras não. As ideias bem-sucedidas foram ampliadas, com financiamento adicional para projetos de demonstração e somas maiores para a implementação plena. Ao longo do processo, a equipe da Purdue acompanhou os avanços contra as métricas do Departamento do Trabalho e os objetivos que as equipes do projeto tinham estabelecidos para si mesmas.

Essa perspectiva focada nos resultados valeu a pena em vários sentidos. Primeiro, em razão da atenção dada à coleta de dados, no final do projeto a equipe da Purdue conseguiu demonstrar que superaram três vezes os objetivos propostos. Em segundo lugar, o modo como o financiamento foi distribuído, com o financiamento adicional disponibilizado apenas quando havia evidências de sucesso, foi muito eficaz: embora a subvenção WIRED de Indiana tenha constituído apenas 8% de todo o dinheiro concedido ao país no âmbito do programa, os resultados representaram 40% do progresso para as metas WIRED nacionais. E, finalmente, a insistência da equipe na colaboração ajudou a garantir a sustentabilidade de muitas iniciativas: dois anos após o término da subvenção, 80% das iniciativas ainda estavam ativas.

A Delphi está de volta, embora com um novo nome (Delphi Technologies) e em uma área menor, com algumas centenas de funcionários focada em oportunidades emergentes do automóvel híbrido e de outros mercados. Kokomo também está de volta: em 2014 foi apontada como uma das dez cidades que mais crescem nos Estados Unidos – um testemunho do poder da colaboração.

Capítulo 8

COMECE LENTAMENTE A IR RÁPIDO – MAS COMECE (HABILIDADE 7)

Imagine, por um momento, que você está em uma praia contemplando uma ilha distante. Seu caiaque está ao seu lado. Você está planejando uma viagem de ida e volta à ilha e já está ficando um pouco tarde; você tem de ter certeza que estará de volta no pôr do sol.

Você está diante de uma escolha. Pode sentar na praia e tentar planejar sua viagem em detalhes para se certificar de que tudo vai dar certo. Para fazer isso, teria que medir a força do vento e verificar sua direção. Calcularia o tamanho e a direção das ondas. Teria de verificar o tempo para ver se era possível que os ventos aumentassem ou se acalmassem. Precisaria estimar o ritmo das marés e a força da atração da Lua. Também não poderia esquecer de avaliar o impacto das correntes em seu curso. Com essas informações todas, precisaria então fazer alguns cálculos para definir seu curso.

Uma outra alternativa seria você verificar a previsão do tempo, avaliando com rapidez as condições que teria pela frente, depois entrar na água e começar a remar.

A escolha inteligente é pegar aquele remo. O único modo de entender o verdadeiro impacto do vento e das ondas sobre nosso caiaque é experimentando. Podemos então fazer cálculos durante o processo e ajustar. Usando a mesma abordagem, podemos ver como os outros fatores invisíveis influenciam a direção de nosso caiaque. Realmente não precisamos saber se são as marés ou se é a corrente que está fazendo nosso barco ficar à deriva. Simplesmente vemos que ele está à deriva e fazemos uma mudança sutil na nossa direção. Em um dia calmo, não precisamos fazer esses ajustes com muita frequência. Mas se o vento aumentar fazendo com que a ação das ondas sobre nosso barco se torne mais violenta, seria inteligente fazer esses ajustes com uma frequência maior. Em vez de ajustar nosso curso mais ou menos a cada 10 minutos, poderíamos fazer ajustes após duas ou três remadas apenas.

Gostamos dessa analogia com o caiaque porque ela captura muito da incerteza que todos nós enfrentamos enquanto vivemos nossas vidas. Todos podemos ter em mente um resultado que queremos alcançar – um trabalho melhor, uma empresa mais ágil, uma comunidade mais próspera – e queremos chegar lá o mais rápido possível. A realidade é que de fato não conseguimos aprender como avançar para esse resultado antes de começarmos a *fazer* alguma coisa. Isso não significa que não temos que sentar por um instante, reunir algumas informações (como a previsão do tempo) e pensar. Significa, porém, que não tentamos elaborar o plano perfeito. Não ficamos paralisados com a análise. Não bloqueamos nossa capacidade de agir envolvendo nossos medos. Em vez disso, enfrentamos o futuro confiando em nossa capacidade de experimentar o que não podemos compreender inteiramente, de aprender e tomar decisões que misturam fatos e nossa intuição. Temos experiência suficiente para reconhecer que podemos confiar em nossa intuição, mas somos suficientemente inteligentes para perceber que podemos estar errados. Podemos precisar fazer ajustes. Quando as forças invisíveis que afetam nosso curso são fortes e mudam com rapidez, precisaremos estar preparados para tomar algumas decisões rápidas.

O líder ágil compreende os limites de nossa capacidade de entender e analisar sistemas complexos e invisíveis. Líderes ágeis são tendenciosos com relação à ação por uma simples razão: só aprendemos sobre esses sistemas complexos fazendo. Se quisermos fazer grandes mudanças com rapidez, temos de ir devagar... mas acima de tudo, temos de *ir*.

INICIANDO SEU APRENDIZADO

Quando você tem um resultado em mente, ele não precisa ser perfeito desde o início. E, igualmente importante, você não precisa, antes de qualquer outra coisa, traçar um caminho perfeito para seu resultado. Para descobrir como ir daqui (onde você está) até lá (o resultado que você deseja), você precisa começar. Você começa com algo cujo escopo seja bastante limitado – como as primeiras remadas, digamos assim – e vê o que acontece.

Este é o motivo: sem começar, você pode facilmente ficar sobrecarregado. Karl Weick, um psicólogo da Universidade Cornell, publicou um estudo importante em 1984 que capturou essa ideia. Weick estava investigando por que problemas sociais em grande escala podem impedir a inovação. Esses problemas sociais, como pobreza crescente, taxas cada vez mais altas de criminalidade, poluição ambiental, doenças cardíacas ou congestionamento no trânsito podem se intensificar de tal forma em nossa mente que ficamos paralisados. Sensacionalizar esses problemas na esperança de mobilizar o combate pode ter simplesmente o efeito contrário. Podemos facilmente ficar mais frustrados e propensos a nos sentirmos desamparados. De forma precisa, Weick observa: "Ironicamente, com frequência as pessoas não conseguem resolver problemas, a não ser que pensem que não há problemas". Ele propõe a ideia de enfrentar os desafios gerados por grandes problemas por meio de uma abordagem que enfatize o valor de "pequenas sucessos".

Todos nós já passamos por uma situação em que aumentamos o tamanho do problema e de modo geral que não sabíamos por onde começar a resolvê-lo. "Não querer abraçar o mundo" é um jargão um tanto irritante e que capta a ideia. Nunca conseguiremos abraçar o mundo simplesmente porque o mundo é extenso demais. Na mesma linha de raciocínio, nunca conseguiremos fazer grandes progressos se nos impusermos desde o início uma tarefa impossível. Estamos assumindo mais do que podemos administrar. Como nossos recursos são limitados, acabamos nos perdendo. Acabamos, como Weick observa, nos sentindo frustrados e desamparados. Ao contrário, quando dividimos grandes desafios em tarefas menores e mais gerenciáveis, não só reduzimos os riscos como aumentamos a chance de nos sentirmos bem pelo fato de ter conseguido realizar algo.

As ideias de Weick se consolidaram, em especial nas áreas do *design* e da inovação. Elizabeth Gerber, professora de desenho industrial na Universidade de Northwestern, destaca a importância da *prototipagem de baixa fidelidade*, uma ideia intimamente relacionada a Weick. Ela define um protótipo de baixa fidelidade como uma expressão minimamente detalhada de uma ideia. No caso do projeto de um novo *site*, o protótipo de baixa fidelidade pode ser simplesmente um desenho. Para um novo produto, poderia ser um modelo de papelão. Segundo Gerber, a prototipagem de baixa fidelidade acelera o processo de desenvolvimento. Ela cita uma série de razões: reformula a possibilidade de fracasso como uma oportunidade de aprendizagem; melhora a comunicação entre membros da equipe; proporciona uma sensação de progresso à equipe, o que aumenta a confiança das pessoas na própria criatividade.

Há outra razão pela qual é importante fazer os projetos decolarem com rapidez. Eles funcionam como experimentos para testar algumas suposições importantes. No mundo da gestão, boas experiências ajudam as empresas a lidar com situações complexas e dinâmicas. Como o conhecimento perfeito não é possível, a melhor opção envolve testar ideias. Jeanne Liedtka, professora da Escola Darden de Administração de Empresas da Universidade da Virgínia, chama esses experimentos de *lances de aprendizagem*. Este conceito capta a mentalidade empreendedora e o viés para a ação. A análise pode ser demorada, enganosa e paralisante (pense na pobre alma tentando analisar cada detalhe de um passeio de caiaque). Em contrapartida, projetar experimentos gera conhecimento sobre o que funciona (ou não). Esse conhecimento prático é muito mais imediato e relevante que um grande plano.

QUALIDADES DE UM BOM PROJETO INICIAL

Observamos que um bom projeto inicial tem uma série de características importantes:

Eles são curtos (o suficiente): assim como acontece com o tamanho do grupo (p. 69), que segue o "Princípio dos Cachinhos Dourados" – não tão simples que possam ser concluídos em uma semana, nem tão complexos que demorem um ano para concluir. Se o projeto for muito curto, você não terá tempo suficiente para colher os outros benefícios que descreveremos a seguir. Se o projeto demorar muito tempo, sua equipe pode facilmente ficar atolada e desanimada; de 90 a 120 dias é uma boa estimativa de tempo para evitar os dois riscos.

Eles envolvem todos na equipe: constroem confiança entre membros da equipe, o que não acontece se apenas parte da equipe estiver envolvida. Em geral, a falta de envolvimento acontece por duas razões: primeiro, a ideia pode ser muito simples. Se ela for *muito* fácil, o grupo perderá o interesse rapidamente e poderá se dispersar antes que o trabalho mais difícil chegue. O que é muito fácil? Desde que exija pelo menos uma pequena contribuição de todos, a ideia é grande o suficiente. Lembra dos jardins que os cidadãos do grupo de melhorias do centro da cidade quiseram construir? Embora fosse algo simples, havia muito o que fazer: escolher os locais, obter permissões, comprar os materiais, montar os arranjos e fazer um plano de manutenção de tempos em tempos. Há outro hábito ruim que estamos tentando superar com esta ideia. Muita gente tem o hábito de apresentar boas ideias para *outra pessoa* fazer. Essa tendência trabalha contra a formação de uma equipe coesa. Não podemos terceirizar o processo.

Novos projetos criam um "burburinho", chamando atenção para o trabalho: eles são uma oportunidade maravilhosa de criar uma nova história, uma nova narrativa sobre o que é possível fazer por meio da colaboração. Cada organização e comunidade tem uma narrativa. Muitas vezes essas narrativas ficam no passado. Muitas vezes são falsas. Um bom projeto inicial fornece uma nova narrativa para explicar o que pode acontecer se alinharmos nossos esforços e adotarmos novas formas de pensamento e de conduta. A equipe fornece um modelo a seguir.

Eles testam algumas suposições importantes: nos primeiros estágios de uma colaboração, fazemos algumas suposições importantes. Um projeto inicial nos capacita a testar algumas dessas suposições e a acumular novos *insights*. Por exemplo, um protótipo de baixa fidelidade frequentemente testa a aceitação do cliente: os clientes estarão dispostos a pagar pelo produto? Quanto? Uma Câmara de Comércio organiza um evento de *happy hour* no centro da cidade. Isso não chamaria tanta atenção das pessoas a ponto de ter um público fiel como o das *First Fridays** nos EUA? Uma empresa quer manter seus jovens talentos. Mais oportunidades de desenvolvimento profissional não ajudariam?

Eles não precisam de permissão: é importante trabalhar em um projeto que pode começar logo. Isto é, a equipe que está desenvolvendo o

---

* Referência a eventos públicos que ocorrem em algumas cidades, em particular nos EUA, na primeira sexta-feira (*first friday*) de cada mês. (N. do T.)

projeto não precisa de permissão para lançá-lo. É importante encontrar rapidamente um potencial de colaboração ainda na fase da conversa. Caso contrário, a probabilidade de sucesso diminui drasticamente. Os membros da equipe perdem o foco e o entusiasmo quando a permissão vira um obstáculo – e de repente você retorna à "Terra do se ao menos". Evite que isso aconteça com um projeto inicial que não precise de permissão. É melhor reduzirmos um projeto do que desenvolvermos algo que possa ser facilmente adiado ou desmontado.

MANTENDO A EQUIPE NO CAMINHO CERTO

Um projeto inicial não precisa de um plano detalhado repleto de sinalizações. É necessário, no entanto, um caminho lógico a ser seguido, e é útil marcar o caminho com *indicações* – apenas alguns pontos-chave ao longo do caminho para lhe avisar caso desvie do curso. Nesse sentido, as indicações ajudam a equipe a gerenciar os riscos. É como fazer uma trilha; a equipe sabe que se perder uma placa de sinalização, deve parar e ver o que está acontecendo. Eles devem redefinir o caminho? O projeto é ambicioso demais? Algum pressuposto básico estava errado? Definir quais devem ser as indicações também confirma que você será capaz de completar o projeto em um prazo razoável. Não esqueça que está usando seu projeto como um processo de aprendizado para descobrir o que funciona.

Aqui está um exemplo do nosso trabalho. Suponha que uma equipe corporativa se reúna para projetar uma nova abordagem de relacionamento com cliente. A empresa tem várias divisões, cada uma vende um tipo diferente de produto – na área de equipamentos e móveis para escritório. Algumas, mas não todas as divisões, têm clientes em comum. Originalmente, as divisões eram empresas separadas e, no decorrer dos anos, várias fusões e aquisições resultaram em uma única empresa. No entanto, cada divisão tem sua própria operação de vendas e cada uma delas usa sua própria plataforma de *software* de "Gestão de Relacionamento com o Cliente" (Customer Relationship Management [CRM]). Uma CRM inclui todos os dados relevantes sobre cada cliente – informações de contato, histórico de compras, compras em andamento. Essas CRMs não se comunicam, então se um cliente de uma divisão decide comprar um produto de um vendedor de uma divisão diferente, esse vendedor precisa registrar todas as informações necessárias em uma nova CRM, processar uma nova solicitação de crédito e assim por diante. Isso é uma enorme perda de tempo tanto para funcionários quanto para clientes da empresa. A administração decidiu então pela implantação de uma única CRM para toda a empresa nos próximos dois anos. Este sistema incluiria a capacidade de analisar dados para identificar novas oportunidades de vendas, bem como para sinalizar clientes problemáticos que demandam muito do suporte durante a venda ou que não pagam em dia. Seria uma grande mudança para a empresa com necessidade de muito treinamento, mas a equipe está convencida de que terá um grande retorno com uma produtividade maior.

A equipe define que o projeto inicial envolve a combinação de apenas uma amostra de CRMs de duas divisões, um teste-piloto. Eles consideram que, ao instalar este sistema em uma escala menor primeiro, conseguem detectar problemas que podem surgir antes de partirem para uma implantação em escala maior. A equipe afirma que o projeto estará pronto e funcionando em 180 dias. Se tudo correr bem, integrarão os dados das duas divisões em uma CRM que poderia ser expandida para outras divisões. Para definir as indicações do projeto, a equipe decidirá o que deve ser feito em 45, 90 e 150 dias se tudo correr como previsto. Então, por exemplo, dentro de 45 dias a equipe deve decidir o fornecedor externo que ajudará a projetar o teste-piloto e completar as especificações para uma implementação que possa ser dimensionada para toda a empresa. Em 90 dias, todos os dados de teste precisam ser carregados. Em 150 dias, o processo de treinamento da equipe de vendas deve ser desenvolvido e aprovado.

E AGORA?

Essas primeiras remadas lhe darão informações importantes, mas não será um dia muito prazeroso no oceano se você parar por aí. É melhor pensar em nosso projeto inicial como algo muito específico e, ao mesmo tempo, como parte de uma série – quando um estiver completo (ou em fase de conclusão), você pensará em como o próximo deve ser. Saberá que ajustes devem ser feitos com base no que aprendeu, e possivelmente já identificou alguns desafios sobre os quais ainda precisa aprender mais. Embora o caiaque possa ser uma embarcação estritamente individual, há muito espaço para que outros se juntem a você na busca da meta que definiu para si mesmo. Esse "burburinho" que criou indica que agora você tem uma equipe maior e que seu novo projeto pode ter um alcance maior.

Aqui está outro exemplo dessa habilidade em ação: uma equipe de líderes de RH se reuniu para discutir um programa de treinamento em gestão. O programa atual da empresa tem os jovens talentos "em ascensão" como alvo. Os participantes frequentam uma série de cursos aos fins de semana ao longo de dois anos; no final ganham cerca da metade dos créditos necessários para um MBA uma universidade local; muitos optam por completar por conta própria o que precisam para obter o diploma. A quantidade e a qualidade dos candidatos diminuíram nos últimos anos, sobretudo porque supervisores têm de "nomear" participantes e pagar aproximadamente metade da mensalidade – e "o que se diz" é que o programa não vale a pena (e de um modo mais geral, que o MBA já não tem a mesma procura de vinte e poucos anos atrás, quando o programa foi iniciado). A equipe de RH gostaria de criar um conjunto de cursos com base em simulações e outras abordagens mais modernas de aprendizado. Eles sabem que no final os "mandachuvas" da empresa aprovarão o novo programa, mas vários desses indivíduos passaram pelo programa tradicional e têm uma visão muito favorável a respeito dele.

A equipe entende que mudanças no currículo tão importantes como essas nunca acontecerão sem um grande suporte de toda a empresa – não só do departamento de RH. Eles decidem testar se este suporte pode ser incentivado. Elaboram um projeto inicial com a criação de turma em formato *pop-up*. *Pop-ups* são aulas informais e sem distribuição de pontos, que "pipocam" esporadicamente com apenas alguns horários e são uma ótima maneira de testar rapidamente o interesse do aluno por um determinado tópico. Eles esperavam que mais ou menos uma dúzia de participantes comparecessem a um *workshop* que englobava uma apresentação sobre criação de orçamentos – um objetivo modesto que estava agendado para um dia de semana à noite sem oferta de comida ou bebida. Para satisfação dos organizadores, mais de 40 funcionários compareceram. Além de demonstrar que estavam muito interessados, alguns dos participantes perguntaram se não podiam participar do grupo de reestruturação. O próximo projeto, com uma equipe expandida pode lidar com um desafio maior: uma série de *pop-ups*.

COLOCANDO A HABILIDADE PARA TRABALHAR: O LÍDER ÁGIL COMO EXPERIMENTADOR

Colocar em jogo essa habilidade significa lembrar-se de onde você quer ir e depois encontrar um meio de começar que seja pouco arriscado e de proporções pequenas. Exemplos de bons projetos iniciais são projetos-piloto, protótipos de baixa fidelidade, uma série de fóruns, um *site*, visitas a um determinado local ou trabalho de campo, encontros para conhecer clientes ou um plano de negócios (ou uma tela com um modelo de negócio). Não esqueça que está experimentando: você pode descobrir que seu primeiro projeto não está funcionando do jeito que esperava. Isso não significa que não seja o projeto certo.

Líderes ágeis compreendem que, sobretudo em um ambiente complexo com um desafio adaptativo, avançar em direção a um grande objetivo demanda experimentação e passos pequenos. Para ir rápido, é preciso começar devagar. Chegar a um projeto inicial com indicações claras é um momento emocionante para um grupo: é provável que ninguém tenha percorrido o caminho exato que a equipe havia pensado. Ao esboçar de modo rápido e confiante um projeto com um punhado de indicações, a equipe está convidando outras pessoas a contribuir. O prospecto criado por um bom projeto inicial é contagiante. À medida que um líder ágil coloca o projeto em ação, o entusiasmo só aumenta.

ESTUDO DE CASO:

SUPERANDO A BUROCRACIA ACADÊMICA COM PEQUENOS SUCESSOS

Uma subvenção da Fundação Nacional da Ciência (National Science Foundation [NSF]) para criação de um Centro Nacional de Caminhos de Engenharia para a Inovação (National Center for Engineering Pathways to Innovation [Epicenter]) foi concedida em 2011 à Universidade de Stanford e à VentureWell, uma organização sem fins lucrativos que promove a inovação e o empreendedorismo no ensino superior. A missão do Epicenter era "ajudar estudantes de engenharia nos EUA a tirar suas ideias do papel". Uma premissa fundamental da iniciativa foi trabalhar com a faculdade para redesenhar a experiência de graduação em engenharia. Os líderes da iniciativa queriam envolver 50 instituições de ensino superior com a ideia de que 50 era um número grande o bastante de instituições para alcançar um "ponto de inflexão" na reinvenção do ensino de Engenharia.

Antes de ingressar na equipe da Purdue, Liz foi contratada pela VentureWell, depois de ter sido concedida a subvenção, para ajudar a conduzir o projeto. Ela aprendeu rapidamente que, embora ainda não houvesse um plano específico para envolver de maneira efetiva as faculdades de engenharia de 50 instituições, estava claro que precisavam agir com rapidez para conseguir os resultados no tempo restante da subvenção. Ela pediu que Ed e Scott a ajudassem a orientar o corpo docente no uso dos princípios do Strategic Doing.

A mudança curricular era um foco específico da NSF, mas o conceito tradicional de redesenhar um currículo em geral significa novos cursos, que tendem a ficar presos na "serra circular da burocracia" de muitas instituições. O árduo processo de conseguir aprovação muitas vezes esgota a energia de um grupo, mesmo que o curso acabe sendo aprovado. Para enfrentar esse risco, a equipe do Epicenter expandiu a ideia de mudança para abranger experiências de aprendizagem em termos mais gerais – sem importar se tais experiências aconteciam ou não no contexto de um novo curso. Trabalhando com equipes de três a oito pessoas, cada faculdade estabeleceu um pequeno projeto inicial que poderia levar a maiores oportunidades. As ideias foram modestas; por exemplo, um novo módulo de aprendizagem para um curso que um dos membros estava ministrando, um pequeno *makerspace* com algumas impressoras 3-D ou uma competição em que os estudantes poderiam propor produtos ou serviços inovadores que queriam lançar. Mas era importante que cada ideia conseguisse ser concluída com relativa rapidez e não precisasse passar por um processo de aprovação. Liz acompanhou as equipes para ajudá-las a permanecer no caminho certo e, quando o primeiro projeto já estava em execução, ela os encorajou a escolher um outro projeto pequeno.

Em pouco menos de três anos, mais de 500 projetos desse tipo foram lançados, sendo 31 deles lançados por uma única universidade. Muitos deles foram bastante modestos se considerarmos de maneira isolada. Alguns, no entanto, foram bem maiores: a experiência bem-sucedida dos pequenos projetos iniciais dava confiança para as equipes acreditarem na própria capacidade de trabalhar em conjunto e sinalizava à liderança universitária que o grupo a que pertenciam "conseguia chegar ao fim". Os projetos concluídos muitas vezes abriram caminho para novos recursos e apoio institucional, viabilizando conquistas maiores em muitas faculdades, como um novo programa de certificação em empreendedorismo ou mesmo um novo centro universitário.

Capítulo 9

TRACE PLANOS DE AÇÃO DE CURTO PRAZO QUE INCLUA TODO MUNDO (HABILIDADE 8)

Muitos de nós, em um momento ou em outro, fizemos parte de uma grande equipe. Se não fizemos, talvez tenhamos testemunhado uma grande equipe em ação. Muitas vezes, uma grande equipe atinge a magnitude após muitas horas de trabalho – por exemplo o time formado principalmente por veteranos que jogam juntos desde o primeiro ano. Ou seu grupo favorito de comédia que atuam em conjunto há tanto tempo que seus participantes podem literalmente completar os pensamentos uns dos outros. No trabalho, podemos já ter conhecido um pequeno grupo de profissionais competentes que parecem capazes de resolver qualquer problema, pois trabalham juntos como uma máquina bem lubrificada.

O que acontece, porém, quando um grupo de pessoas se reúne pela primeira vez e não tem sequer quatro anos de treino e prática aprendendo a trabalhar em conjunto, não tendo sequer conhecido o luxo de passar alguns meses tapando buracos? Existe uma maneira de ser altamente produtivo desde o primeiro dia de trabalho? Talvez você se lembre de Amy Edmondson, que vimos no Capítulo 2 propondo a relevante ideia de segurança psicológica. Ela concebe essa segurança psicológica como um dos aspectos centrais do que chama de "time". Amy afirma que quando os integrantes da equipe seguem o mesmo conjunto de diretrizes ou regras, eles podem começar a funcionar como uma equipe altamente produtiva de imediato. Ela chama isso de time em vez de equipe.

Liderança ágil significa garantir que boas ideias não morram no nascedouro, certificando-se de que cada membro do grupo compartilha a responsabilidade de sua implementação. Cada pessoa pode ter um tipo diferente de tarefa para fazer a ideia avançar, mas não há espectadores. Líderes ágeis mantêm as expectativas sob qualquer pessoa reduzidas, sabendo que a reunião de compromissos modestos resulta em progressos significativos.

LIDERANÇA COMPARTILHADA

Grandes equipes precisam de grandes líderes, certo? Bem, sim e não. Para aprofundar esta questão, vamos nos concentrar no termo "liderança". Quando você escuta a palavra "líder", o que lhe vem à cabeça? Talvez você imagine uma figura política ou militar, viva ou histórica. Ou, pode se lembrar de alguém do mundo dos esportes – talvez um treinador. Outros vão pensar em uma pessoa do próprio convívio, alguém que mexeu de forma direta com a vida dela: um chefe, um líder religioso, talvez um parente. É provável que cada um imagine uma pessoa em particular, com várias características e atributos de liderança; mas a maioria de nós pensará na liderança como uma qualidade que pertence a uma *única* pessoa.

Há vários modelos diferentes de liderança unipessoal ensinados em programas de pós-graduação e apresentados nos livros enfileirados em nossas estantes. Ken Blanchard e Paul Hersey falaram sobre "liderança situacional". Robert Greenleaf nos ajudou a compreender "o líder servidor" e Jim Collins escreveu sobre "cinco níveis de liderança". Todos são formas diferentes de pensar sobre liderança; todos estão baseados na noção do líder individual.

Há uma evolução surgindo em nossas concepções sobre liderança, uma evolução que não se concentra no indivíduo, mas na liderança como *característica compartilhada* de um grupo ou equipe. Quando a liderança é compartilhada, ela pode trazer flexibilidade para nossos grupos e empresas quando estamos trabalhando com problemas complexos e estratégicos. Precisamos que outros se juntem a nós na liderança para darmos conta de desafios complexos.

O educador empresarial e *coach* executivo Marshall Goldsmith sugere que liderança compartilhada é uma forma de maximizar o talento porque nos permite misturar e articular o melhor das habilidades de liderança dos indivíduos para enfrentar os complexos desafios com que nos deparamos. Ele apresenta sete diretrizes para promover uma cultura organizacional de liderança compartilhada:

1. Dê poder aos indivíduos para permitir que desenvolvam as próprias habilidades.
2. Estabeleça limites claros para as decisões que eles têm capacidade para tomar.
3. Incentive uma cultura organizacional na qual as pessoas se sintam capazes de tomar a iniciativa.
4. Dê às pessoas os critérios e a autonomia de que elas precisam para concluir tarefas e empregar os próprios recursos.
5. Não duvide das decisões das pessoas que foram solicitadas a fazê-las.
6. Gerentes devem se enxergar mais como recurso do que como supervisores.

7. Estabeleça processos ágeis e constantes que permitam verificações de rotina para revisar o progresso e, se necessário, fazer ajustes (Adaptado de Goldsmith, 2010).

É bem provável que a próxima definição acerca do grande líder individual seja o líder que cria equipes e empresas onde a liderança é compartilhada, gerando a capacitação necessária para administrar as questões complexas que enfrentamos.

PLANOS DE AÇÃO PARA LIDERANÇA COMPARTILHADA

Talvez o exemplo mais claro e pragmático de liderança compartilhada seja um plano de ação compartilhado. O plano precisa ser documentado por escrito, não apenas deixado à mercê da memória das pessoas. Um provérbio chinês diz assim: "A tinta mais clara é melhor que a melhor memória". Se você não captura a conversa e a coloca de uma maneira que possa ser facilmente recuperada mais tarde, o pensamento e os acordos podem ser perdidos. Um plano de ação descreve em detalhes qual é o próximo passo que precisa acontecer para continuarmos avançando.

Em um plano de ação, os membros do grupo assumem responsabilidade pelas "tarefas" específicas que precisam ser feitas. Sugerimos que um plano de ação fique limitado a um curto período de tempo – digamos, os próximos 30 dias. Por quê? Porque se você está em um ambiente complexo, as coisas mudam com rapidez. Como no exemplo do caiaque no capítulo anterior, o tempo gasto planejando o que ainda está longe muito provavelmente é um tempo perdido.

MINICOMPROMISSOS GERAM CONFIANÇA

Um plano de ação é realmente uma promessa, uma promessa de que as palavras corresponderão às ações. Promessas cumpridas, mesmo que pequenas, resultam em maior confiança. Donald Sull e Charles Spinoza referem-se a isso como *gestão baseada em promessas*. Segundo Sull e Spinoza, uma das razões pelas quais as empresas enfrentam dificuldades na execução da estratégia está na incapacidade de estabelecer compromissos claros de forma sistemática. Essa dificuldade é resultado da incapacidade dos líderes de construir confiança em uma empresa ou comunidade.

Abordamos a noção de confiança várias vezes neste livro. Promessas, é claro, giram sempre em torno da confiança. Muito já foi dito sobre o papel da confiança em equipes e empresas. Basta dizer que a confiança é fundamental para qualquer coisa feita em conjunto – não seria diferente com os desafios complexos e adaptativos que muitos de nós enfrentamos. Mas como se constrói confiança em grande escala? Uma das maneiras de fazer isso é solicitar a realização do que chamamos de *minicompromissos*. Há vários textos que falam sobre a eficácia dos minicompromissos no contexto do comportamento individual. Um pé-de-meia significativo para a aposentadoria pode ser feito por meio de pequenos compromissos com a poupança e investimentos ao longo do tempo. Profissionais da saúde sabem que grandes mudanças no estilo de vida em relação a dieta e exercício físico são quase impossíveis, mas compromissos menores acrescentados aos poucos tendem a ser seguidos de maneira mais fácil. Marla Cilley, mais conhecida como "FlyLady", ganhou proeminência há alguns anos por seu sistema de domínio da gestão doméstica, 15 minutos por vez. Da mesma maneira, quando orientamos estudantes de doutorado, ao longo do processo, sempre sugerimos que os conselhos de Joan Bolker no livro *Writing Your Dissertation in Fifteen Minutes a Day: a Guide to Starting, Revising, and Finishing Your Doctoral Thesis* [*Escrevendo sua Tese com 15 Minutos por Dia: um Guia para Começar, Revisar e Concluir sua Tese de Doutorado*] fossem seguidos.

Conversas estratégicas como as que descrevemos neste livro resultam com frequência em ações que serão acrescentadas ao que os membros do grupo já estão fazendo para além do trabalho principal e/ou atividades diárias de cada um deles. Eles não têm condições de gastar horas com um novo projeto – nem, a princípio, confiam o suficiente nos membros do grupo para achar que o comprometimento é válido. Descobrimos, no entanto, que minicompromissos têm um impacto relevante em grupos e equipes desse tipo. O líder ágil pede minicompromissos, pelo menos no início. Observamos que os compromissos dos membros do grupo provavelmente ficarão cada vez menos "mini" à medida que o grupo avança, vê o progresso acontecendo e a confiança entre os membros aumenta. Não se esqueça da nossa definição de confiança: a confiança ocorre quando as palavras combinam com as ações. Solicitar a realização de minicompromissos fornece o mecanismo para que isso ocorra.

Planos de ação compartilhados podem colocar grupos e equipes em ação imediatamente. Leonard Schlesinger, ex-presidente do Babson College, vê a capacidade de tomar ações imediatas como vital em um mundo no qual você não pode mais planejar ou prever seu caminho para o sucesso. Junto com Charles Kiefer, Schlesinger apresenta várias observações sobre o valor de "fazer" de imediato. Fazer nos permite aprender com rapidez o que funciona e o que não funciona. Se nunca o fizermos, nunca saberemos o que é possível e o que não é. Fazer leva a reações, que podem nos levar a outras direções, às vezes inesperadas. Ao fazermos, encontraremos pessoas para caminhar ao nosso lado. E, finalmente, fazer sempre nos levará à evidência.

Embora às vezes pareça que os que fazem são escassos, na verdade há muitas pessoas que preferem fazer do que falar. Para voltar mais uma vez à curva do sino no Capítulo 1, com os pioneiros e os rabugentos em ambos os lados, os inúmeros pragmáticos no meio da curva são os que fazem. A *maioria* das pessoas quer fazer, não apenas falar. Uma de nossas colegas em Flint emprega o que ela chama de "regra de duas reuniões". Quando é convidada para reuniões, ela faz um teste simples de tornassol para saber se a reunião vale a pena – se ela sai de lá, ou não, com uma tarefa para fazer. Ela diz que pode dar uma oportunidade para uma reunião não orientada para a ação, mas que se for convidada pelo grupo para participar de segunda reunião e nenhuma ação for decidida, ela não se reunirá com esse grupo pela terceira vez. Isso violaria sua regra de duas reuniões.

Líderes ágeis como a nossa colega em Flint querem fazer coisas, não apenas falar sobre coisas. Eles entendem a necessidade de ações desenvolvidas por um grupo no qual cada pessoa aceita que compartilha uma liderança rumo ao objetivo comum.

COLOCANDO A HABILIDADE PARA TRABALHAR: O LÍDER ÁGIL COMO FECHADOR DE NEGÓCIOS

Embora o plano de ação seja simples, também é fácil dar um passo em falso se não for dada a devida atenção aos detalhes. Cada pessoa deveria ter uma contribuição no plano de ação – uma promessa que é feita ao grupo. Sull e Spinosa *sugerem* vários adjetivos para caracterizar boas promessas que aumentam a confiança: as promessas são públicas, voluntárias, ativas e específicas. Deixamos essa lista um pouco mais concreta para quando você estiver desenvolvendo um plano de ação, você quer incluir tudo que precisa acontecer nos próximos 30 dias e, para cada item, você deve especificar:

> *Quem*: parece bastante simples, mas nem sempre acontece como deveria. Um nome específico (ou no máximo dois

nomes) deve ser atribuído a cada item. "Todos" muitas vezes significa "ninguém".

O quê: também deve ser especificado. O que é que a pessoa vai fazer? Por exemplo, dar três telefonemas para quem? Anotar o quê? Ir olhar o quê?

Entrega: cada item do plano de ação também deve ter uma entrega clara. Muitas vezes é algum tipo de documento escrito. Se alguém estiver falando com três pessoas sobre um determinado tópico, a entrega pode ser escrever um parágrafo sobre o que aprenderam, compartilhando-o com os outros membros da equipe.

Até quando: novamente, um dia específico deve ser estabelecido. Pode ser amanhã, pode ser na semana que vem. Se for um plano de ação de 30 dias, todos os itens devem ser concluídos dentro desse prazo. Quando possível, evite um plano de ação em que a data de entrega de todos os itens fique para o último minuto – distribua o trabalho ao longo dos dias disponíveis.

Embora esse tipo de plano gire em torno da liderança compartilhada, um líder ágil assume a responsabilidade de montar tudo. Sugerimos abordar pessoa a pessoa, pedindo o comprometimento, chamando cada um pelo nome e fazendo contato visual: "Javier, o que você pode fazer? Mary, o que você pode fazer? Bill, e você, o que pode fazer dentro de uma hora nos próximos 30 dias?". Todos devem sair da reunião com algo para fazer. As únicas exceções ocorreriam por motivos realmente de força maior ou demandas profissionais urgentes que são de natureza temporária: uma das membras está tendo um bebê, outro está responsável pela organização de um congresso, e assim por diante. Além disso, embora seja bom um membro indicar que alguém de sua equipe esteja disponível para *ajudar* em uma tarefa, deixe que a pessoa indicada estabeleça a disponibilidade de tempo que ela tem. Após a reunião, certifique-se de que o plano seja divulgado entre os membros do grupo com rapidez, se possível dentro de 24 horas.

Por que uma hora? Descobrimos que é um bom padrão para um minicompromisso. Se cada pessoa passar uma hora por mês no plano de ação, é o bastante para gerar progressos significativos. Quando cinco a sete pessoas dão pequenos passos individuais, coletivamente dão um grande passo. É também um compromisso suficientemente pequeno para que as pessoas tenham dificuldade em dizer "não".

Líderes ágeis sabem como ajudar um grupo a passar do discurso para a ação com comprometimento para agir. Líderes ágeis não têm medo de pedir que cada membro do grupo comprometa-se com pelo menos uma pequena parcela de tempo, compreendendo que esses compromissos, quando tomados juntos, ajudam a levar o grupo adiante, criam confiança e iluminam o caminho à frente.

ESTUDO DE CASO:

PARTICIPANDO DE UMA AÇÃO COLETIVA PARA DESENVOLVER UM CENTRO COMUNITÁRIO DE SAÚDE

O Centro Comunitário de Ensino e Pesquisa da Universidade de Duquesne (Duquesne University's Center for Community-Engaged Teaching and Research [CETR]) serve como a porta de entrada da universidade para conectar estudantes e membros da faculdade com as prioridades e parcerias da comunidade. Em 2016, o CETR garantiu o financiamento para um processo de planejamento estratégico que capacitaria a universidade a expandir e aprofundar o trabalho desenvolvido em uma comunidade com carências econômicas próxima ao *campus* da universidade, no centro de Pittsburgh, na Pensilvânia. Nancy trabalhou como consultora para facilitar o processo de planejamento estratégico.

Em uma conversa com Nancy, 25 pessoas que faziam parte de um comitê de planejamento estratégico foram divididas em três grupos, cada um deles avaliou como os membros do comitê poderiam usar seus ativos para resolver um grande desafio capaz de impulsionar um modelo robusto de parceria nacional entre a Universidade de Duquesne e os bairros adjacentes a ela. Um grupo (a "Equipe Vermelha"), formada por pessoas com ativos relacionados à saúde, decidiu criar um Centro Comunitário de Saúde e Bem-Estar que reuniria muitos ativos e diversos interesses acerca da saúde.

Membros da Equipe Vermelha decidiram que o primeiro projeto rumo ao objetivo de estabelecer o CETR era identificar os atuais recursos financeiros e avaliar o nível de interesse e comprometimento dos principais interessados da comunidade e da universidade. Antes de finalizar a reunião, eles desenvolveram um plano de ação de 30 dias. Um membro da equipe se ofereceu para coordenar uma reunião com os principais membros da comunidade, outro membro convocou uma reunião com os principais membros da universidade, outro se dispôs a investigar um financiamento em potencial e outros membros da equipe ficaram de avaliar a possibilidade de reaproveitar vários espaços espalhados pela comunidade para alojar toda a gama de atividades propostas pelo centro.

A equipe continuou trabalhando em conjunto, identificando em cada reunião as próximas ações e garantindo que houvesse um plano definido para ser colocado em prática. Depois de vários meses, a Equipe Vermelha (em conjunto com outras duas equipes) estava pronta para apresentar seu trabalho – e um pedido de apoio – à liderança da universidade.

Como costuma acontecer com iniciativas colaborativas, a iniciativa em questão ocorreu em um contexto de mudanças consideráveis. No momento da apresentação, algumas transições importantes na paisagem já haviam acontecido: a direção da Universidade de Duquesne tinha mudado e, consequentemente, do CETR também. Embora a apresentação tivesse sido bem recebida, não era o momento certo para avançar em novas iniciativas, e até agora a ideia não tinha prosperado.

No entanto, o processo de trabalhar em conjunto de forma eficaz – mesmo que o objetivo original ainda não tivesse sido alcançado – abriu novas oportunidades. A principal delas foi uma nova parceria entre a escola de farmácia de Duquesne e o departamento de saúde do condado. Quando o farmacêutico do departamento de saúde renunciou, os líderes perceberam que havia uma alternativa à sua abordagem tradicional em termos de pessoal: decidiram fazer um subcontrato com a universidade para fornecimento de serviços farmacêuticos. Esta nova parceria está sedimentando o caminho para uma futura colaboração.

Capítulo 10

REUNIÕES 30/30 PARA ANALISAR, APRENDER E AJUSTAR (HABILIDADE 9)

Se você já se mudou para uma nova casa ou apartamento, sabe que os primeiros meses são cheios de coisas para aprender sobre a casa nova. Talvez haja rangidos estranhos no meio da noite, ou talvez os canos de água balancem se a torneira do chuveiro não estiver totalmente aberta. Com a mudança das estações vem outro conjunto de novas descobertas: se você colocar 20 °C no termostato a temperatura na sala de estar será 20 °C mesmo? O equipamento que faz esse trabalho – ou não faz, como você talvez descubra – é o termostato. Ele mede a temperatura na sala e manda então um sinal para o sistema de aquecimento fazer o ajuste que for preciso até que a temperatura atinja o nível que você definiu.

Para garantir que os esforços de estratégia ágil permaneçam no caminho certo, usamos um *loop* de *feedback*. Essa ideia vem dos sistemas de controle industrial, em que o *loop* ajuda a manter a estabilidade do sistema. O termostato fornece o *feedback* sobre o sistema de aquecimento, por exemplo. Um sistema sem um *loop* de *feedback* pode ficar girando sem controle.

LOOPS DE APRENDIZAGEM

O termostato de uma sala monitora a temperatura de forma mais ou menos contínua. Não leva em consideração nenhuma outra informação; por exemplo, com a chegada da primavera, usamos menos o sistema de aquecimento, mas o termostato não sabe que é primavera – se soubesse, talvez já tivesse mandado o sistema de aquecimento começar o ajuste. Em vez disso, o termostato fica apenas verificando a temperatura do ambiente e envia os dados. Cada ciclo de monitoramento é completamente independente e desconectado dos anteriores.

Líderes ágeis precisam de um tipo específico de *loop* de *feedback*: um *loop de aprendizagem*. Ao contrário de um termostato, não queremos sempre recomeçar – queremos um *loop* de *feedback* que forneça informação capaz de atualizar permanentemente nossa capacidade de realizar trabalhos complexos em conjunto. Algumas das melhores relações estabelecidas sobre *loops* de aprendizagem vêm do estudioso em gestão Chris Argyris. Ele defendeu A "aprendizagem de *loop* duplo" e deu este exemplo:

> Um termostato que liga automaticamente o aquecimento sempre que a temperatura de um cômodo fica abaixo de 20 °C é um bom exemplo de aprendizagem de *loop* único. Um termostato que pudesse perguntar: "Por que minha regulagem de temperatura está em 20 °C?", e depois de investigar se outra temperatura poderia alcançar de maneira mais econômica o objetivo de aquecer o cômodo, ele estaria engajado em um aprendizagem de *loop* duplo.

Em outras palavras, você quer construir seu processo regular de "pausas" no qual possa perguntar se está onde tinha planejado, mas também se aprendeu alguma coisa que lhe diga que tais planos não eram os planos corretos desde o início (Argyris, 2002).

Líderes ágeis precisam dos *loops* de aprendizagem por duas razões. Primeiro, em sistemas complexos não sabemos o que funcionará para mudar o desempenho do sistema. Teremos de experimentar para identificar pontos de alavancagem. Segundo, precisamos dos *loops* de aprendizado porque as circunstâncias mudam. Como o ambiente não é estável, vamos querer fazer ajustes ao longo do caminho. Se sua equipe se reúne com frequência para examinar os resultados de seu trabalho e discutir ajustes para o próximo ciclo, você está deixando claro que tem uma aprendizagem de *loop*.

Usamos a expressão 30/30 para nos referirmos a essas reuniões. O nome vem dos primeiros trabalhos de Ed em Oklahoma City. Ele estava trabalhando com uma equipe para desenvolver uma estratégia que transformasse a economia da cidade e sua equipe se reunia a cada 30 dias para revisar o progresso feito. A agenda era simples. O que aprendemos nos últimos 30 dias? E o que faremos nos próximos 30 dias? Em um esquema 30/30, você verifica o progresso, analisa os resultados, discute mudanças necessárias e faz ajustes. 30/30 é simplesmente uma forma abreviada para a próxima vez em que sua equipe se reunirá e para indicar, em termos muito amplos, qual será a agenda. Um 30/30 olha para trás – para os últimos 30 dias – e para a frente para os próximos 30 dias.

A designação 30/30 é flexível e pode precisar ser ajustada conforme você avança. Quando o ambiente está extremamente turbulento, você pode precisar fazer ajustes com mais frequência. Sua rede pode usar 7/7s, 14/14s e seguindo até (muito raramente) 180/180s. Nossa experiência é que 30/30s é um bom começo.

CONSTRUINDO NOVOS HÁBITOS

Os *loops* de aprendizagem são frequentemente comparados à criação de um novo hábito. Talvez você já tenha hábitos que precisaram ser incorporados à sua vida. Talvez se exercite três vezes por semana, medite 10 minutos toda manhã, leia 30 minutos todo dia ou faça alguma outra atividade com regularidade. Não seria nada bom se você só se exercitasse uma vez por mês – o fato de ter transformado o exercício em um hábito mais frequente é o que realmente lhe beneficia. Definir uma rotina 30/30 é parecido com isso sob muitos aspectos – o verdadeiro poder não está na reunião em si, mas na criação de um novo hábito para trabalhar em conjunto.

Somando os cinco autores deste livro, temos mais de cinquenta anos de experiência ajudando centenas de grupos a adotar uma abordagem estratégica mais ágil. Quando analisamos as iniciativas das quais já fizemos parte, essa é a habilidade que, mais do que qualquer outra, diferencia os grupos de sucesso daqueles que tiveram um impacto mais limitado. Em termos mais simples, 30/30s fornece o aprendizado e a confiabilidade que uma equipe precisa para fazer ótimas escolhas e permanecer engajada.

No entanto, o 30/30s não precisa ser longo. Quanto maior a regularidade das reuniões, menos tempo cada reunião demandará porque os membros da equipe sabem qual é a pauta: estão prontos para relatar os resultados e se voluntariar para as próximas etapas. O nível de aprendizado da equipe aumenta muito. O jogo da culpa desaparece. Os membros têm prazer em realizar trabalhos complexos e se mostram ávidos para não perder o *momentum*.

O nível de confiança também é maior em equipes que se reúnem com regularidade durante muito tempo. Cada vez que vocês se reúnem, estão estabelecendo um novo conjunto de minicompromissos uns para os outros. Essa confiança atua como combustível para ajudar a equipe a alcançar o sucesso.

Com as ferramentas e plataformas tecnológicas atuais, existem muitas opções e maneiras de fazer reuniões de modo que cada membro da equipe se sinta parte de algo maior que ele. O melhor é que o 30/30s seja presencial, pois a transparência de uma reunião pessoal supera muito a de uma chamada de vídeo. O segundo melhor é a videoconferência e, se isso simplesmente não for possível, você pode agendar uma chamada telefônica. É particularmente importante que a equipe se encontre pessoalmente no início. Nossa experiência mostra que três ou quatro reuniões presenciais parecem ser o "número mágico" para estabelecer confiança e confiabilidade – após esses encontros presenciais, videoconferência ou ligação via telefone costuma ser eficiente. Não importa qual é o meio, o fundamental é garantir o sucesso da adesão dos membros da equipe ao cronograma de reuniões que foi aprovado.

COLOCANDO A HABILIDADE PARA TRABALHAR: O LÍDER ÁGIL COMO CONVOCADOR

Existem muitas oportunidades para aplicar o conceito 30/30 aos comitês, reuniões e projetos dos quais você faz parte. Quase todos gostam de reuniões que são produtivas e gerenciadas com eficiência. A pauta para uma reunião 30/30 deve estar muito clara e simples, e a reunião não precisa ser longa (30 a 60 minutos). Você pode usar as seguintes perguntas:

- O que aprendemos nos últimos 30 dias?
- Aqui está o resultado com o qual concordamos. Queremos fazer alguma mudança? Todos ainda concordam com o resultado escolhido?

- Estamos no caminho certo para alcançar o objetivo para o qual estamos trabalhando agora? Como deveríamos atualizar nosso plano de ação?
- Quando e onde nos reuniremos de novo? Existe algum problema de comunicação que precisamos resolver?

A última pergunta é, de certa forma, a mais importante. Agende a *próxima* reunião sempre que vocês se encontrarem. Não deixe esse item para mais tarde – marque enquanto todos estão juntos (alguns grupos colocam isso como primeiro item na pauta de cada reunião 30/30). Mesmo que uma ou duas pessoas não possam comparecer à reunião, siga em frente. É fundamental estabelecer o hábito das reuniões com regularidade.

As reuniões 30/30 ajudam a construir uma responsabilidade compartilhada e aumentam o nível de confiança entre os membros da equipe. Com o tempo, você pode descobrir que há um membro na equipe que sempre falta às reuniões ou não termina as ações, ameaçando o sucesso do grupo. É importante que isso seja discutido na reunião, enfocando em como podemos ser plenamente mais engajados ou (se necessário) separados do grupo para que o trabalho dos outros não seja prejudicado pela falta de esforço de uma pessoa. Manter reuniões 30/30 nos auxilia a ver certos padrões com rapidez e nos ajuda a direcioná-los para que o projeto não seja arruinado.

Você também pode usar o conceito 30/30 em sua vida, enquanto se esforça para ser uma pessoa e profissional melhores. Aqui estão alguns exemplos:

- Você pode se comprometer a expandir sua rede por meio de ferramentas como o LinkedIn, onde poderá retomar o contato com pessoas que conhece e se acostumar a convidá-las para ingressar no projeto em que estiver trabalhando.

- Todos os meses você pode identificar duas pessoas que precisam se conhecer, e fazer isso acontecer por meio de um *e-mail* de apresentação.
- Você pode estabelecer um novo hábito de assistir toda semana a um vídeo que aumente seu conhecimento.

A cada 30 dias, dê um passo para trás e se pergunte o que você está aprendendo e que impacto isso está gerando. Se precisar, ajuste seus hábitos para torná-los mais eficientes.

Líderes ágeis convocam reuniões com regularidade, mas são reuniões rápidas, que ajudam a apoiar o *momentum* de trabalho do grupo. À medida que os 30/30s se tornam um hábito, as equipes desenvolvem resiliência e um talento especial para a flexibilidade ao longo do tempo conforme que incorporam a mudança em seus projetos e respondem a novos membros, novos ativos e novas redes. Esse fortalecimento é fundamental quando o grupo começa a assumir projetos maiores.

ESTUDO DE CASO:
AJUDANDO UMA CAPITAL DA MÚSICA A REGISTRAR SEUS PRÓXIMOS ÊXITOS

Se você é fã de música, já deve ter ouvido falar na cidade Muscle Shoals, no Alabama, às margens do rio Tennessee. Muitos dos grupos musicais mais conhecidos dos últimos cinquenta anos gravaram em um dos estúdios da região. Mas excluindo a cena musical, esta região predominantemente rural tem enfrentado dificuldades. Em 2014, as consequências da Grande Recessão ainda eram muito nítidas: naquele ano a região perdeu outros 1.900 empregos em razão do fechamento de fábricas. Alunos da Universidade do Norte do Alabama (University of North Alabama [UNA]) perguntavam-se por que a região não tinha empregos adequados para eles depois da graduação, forçando-os a procurar oportunidades em outro lugar. Na Câmara de Comércio de Shoals (Shoals Chamber of Commerce [SCC]), jovens líderes que eram donos de empresas, incluindo vários ex-alunos da UNA, pediram explicações para a instituição sobre por que eles deveriam manter seus empreendimentos recém-criados em Shoals. Responder a essas exigências de mão dupla demandava um esforço coeso e robusto de desenvolvimento econômico para impulsionar o crescimento da região.

UNA, SCC e a Incubadora de Negócios de Shoals estabeleceram uma nova colaboração que mudaria a trajetória econômica da região. Chamado de Projeto Mudança de Shoals, esse esforço colaborativo singular concentra-se em aproveitar os ativos existentes e desenvolver formas criativas de fazer crescer uma economia digital na região. O grupo tem o foco em estratégias para manter pessoas que estudaram na UNA por meio do desenvolvimento de novos empreendimentos e da geração de novos empregos pautados em demandas do século XXI nas indústrias existentes.

A equipe colaborativa está profundamente comprometida com este trabalho. Conscientemente, eles abraçaram uma abordagem de "fazer, não esperar" e continuam se reunindo a cada quatro ou seis semanas desde o lançamento do projeto em 2014. Esse ritmo permitiu ao grupo experimentar e testar novas ideias. Lançaram, por exemplo, uma competição de planos de negócio em 2014; em vez de levar um ano para planejar, tomaram a dianteira e anunciaram a competição de imediato, ansiosos para saber se teriam apoio comunitário suficiente para tal empreendimento. Aproveitando os próprios seguidores em suas redes sociais – eles levantaram os 15 mil dólares necessários e organizaram uma competição de sucesso.

A comunidade se uniu em torno da colaboração e o progresso foi rápido. O Projeto de Mudança de Shoals hospeda agora um conjunto de eventos que passaram a fazer parte do calendário cultural e de negócios da região, reunindo mais de 250 concorrentes. A equipe levanta mais de 200 mil dólares anualmente e, em 2016, seus esforços foram recompensados com quase um milhão de dólares da Comissão Regional dos Alapaches. A iniciativa foi também uma das três finalistas da edição de 2018 do prêmio Phi Kappa Phi de Excelência em Inovação, ao lado de duas universidades mais conhecidas. Mais de 200 alunos da UNA já receberam treinamento em abordagens empreendedoras e o projeto deu origem a 15 *startups* estudantis da UNA, que estão levantando capital e criando empregos – tudo para um futuro melhor para os moradores da região.

Capítulo 11

DÊ UM EMPURRÃOZINHO, CONECTE-SE E PROMOVA-SE PARA REFORÇAR NOVOS HÁBITOS (HABILIDADE 10)

Quem já tentou estabelecer um novo hábito, sabe que isso pode ser um desafio considerável. Seja perder alguns quilos, parar de fumar, iniciar uma rotina de exercícios, limpar a bagunça da casa ou mudar a rotina matinal para que os filhos cheguem à escola sem ninguém arrancando os cabelos.

Você começa otimista e com uma explosão de energia – parece tão fácil! Mas por alguma razão as academias ficam lotadas em janeiro e vazias em março – é difícil fazer com que um hábito "pegue". Não faltam dicas que podem ajudar – faça isso no mínimo por 21 dias, procure alguém que lhe incentive, vá aumentando o ritmo devagar em vez de achar que a mudança tem de acontecer de repente, modifique o ambiente para que você não tenha a mesma dificuldade de sempre... e assim por diante. Talvez você precise fazer uma ou todas essas coisas para ter sucesso.

Dissemos no Capítulo 1 que "fazer de modo diferente", quando se trata de redes de trabalho em conjunto, precisava se tornar um modo de vida, uma série de novos hábitos. Esses hábitos – o modo como você usa as habilidades que descrevemos neste livro – não são diferentes das resoluções que tomamos em janeiro. Elas parecem simples e na verdade são.

Mas *simples não é a mesma coisa que fácil*. Você precisa encontrar maneiras de manter os hábitos para ter sucesso em longo prazo. Existem três tipos específicos de atividades que vão tornar esses novos hábitos de trabalho em conjunto mais propensos a serem permanentes. Essas atividades *também* são hábitos – é como adquirir o hábito de colocar o alarme do relógio para acordar mais cedo a fim de estabelecer o hábito de ir à academia pela manhã.

Antes de entrarmos em detalhes sobre o que está envolvido nessa habilidade, precisamos retornar à ideia de liderança compartilhada. Embora não haja topo ou fundo em uma rede, redes eficientes têm núcleos fortes e líderes ágeis que fornecem orientação. Líderes ágeis assumem a responsabilidade da saúde da própria rede. Uma pessoa pode assumir a liderança, e essa função pode ser rotativa ao longo do tempo, mas para retornar a um tema que discutimos antes: se ficar vagamente presumido que a rede vai prosperar por conta própria, a coisa não vai acontecer. Líderes ágeis ajudam a nova rede estabelecida, colaborando para que ela se torne mais resiliente e cresça ao longo do tempo.

DANDO UM "EMPURRÃOZINHO"

A primeira maneira pela qual os líderes ágeis mantêm o ímpeto de uma rede é *incentivando todos a transformar ideias em ação e concluir suas tarefas*. Ao incentivar, reconhecemos a realidade de que a maioria das pessoas não vai fazer o que precisa ser feito sem esse tipo de reforço. *Todos* nós precisamos de um incentivo extra (pelo menos em uma parcela do tempo) para conseguir fazer nossa parte no novo empreendimento colaborativo.

Quando "damos um empurrão", na verdade fazemos duas coisas: de maneira mais óbvia, garantimos que uma tarefa específica seja concluída. De maneira menos evidente, ainda que mais importante, é a segunda função do incentivo: estabelecemos normas positivas para o grupo. Uma norma pode ser pensada como uma regra de comportamento que não é natural. Por exemplo, aprendemos na escola a levantar nossa mão para falar. Não nascemos sabendo que precisamos fazer isso – mas muito rapidamente isso vira uma segunda natureza e não podemos imaginar que alguém se comporte de algum outro modo. É o "normal".

Como podemos "dar um empurrão" para que um projeto avance e, mais que isso, para que o grupo se torne mais eficiente? Há duas abordagens:

Primeiro, há um incentivo proativo. Por proativo, queremos dizer que você incentiva de maneira explícita cada pessoa a cumprir a própria tarefa. Você faz contato com as pessoas do grupo por telefone ou pessoalmente, ou então – cada vez mais – usa o *e-mail* ou mensagem de texto para encorajar as pessoas a cumprirem seus compromissos.

Precisamos pensar com cuidado sobre as pessoas que estamos tentando incentivar e sobre que tipo de abordagem poderia funcionar com cada uma delas – o que é eficaz com uma pessoa pode não funcionar com a outra. Quem é pai ou mãe de mais de uma criança aprendeu isso do modo mais difícil: para uma criança, um determinado tipo de incentivo pode resultar no comportamento desejado, mas para outra pode fazer com que ela se recuse a ceder e não arrede o pé. Você terá de observar e fazer os ajustes quando aprender o que funciona.

Como grande parte de nossa comunicação é feita por *e-mail* ou mensagem, vale a pena considerar como podemos "dar um empurrão digital" de maneira efetiva. Há algumas pesquisas interessantes por trás dessa ideia. Em *Inside the Nudge Unit* [*Por Dentro da Unidade Nudge*], o escritor David Halpern discute como o tipo certo de empurrãozinho digital pode aumentar as chances de influenciar o comportamento de alguém. Por exemplo, em programas para encorajar quem está procurando emprego a participar de feiras de emprego, enviar uma mensagem genérica e padrão resultou no comparecimento de uma a cada dez pessoas. Adicionar o nome do destinatário no início do texto aumentou a proporção de comparecimento à feira de cinco pontos percentuais para 15%. E se o consultor também adicionasse o próprio nome? O número subia ainda mais, passando a 18%. E quando o consultor chegava a escrever: "Reservei um lugar pra você... Boa sorte!", a proporção de comparecimento atingia impressionantes 27%, um aumento quase três vezes maior que a resposta original. Um pesquisador da UCLA, Shlomo Ben-Artzi, sugere que destacar e comemorar o comportamento de outras pessoas cujas ações ou hábitos você deseja que os outros imitem pode influenciar ainda mais os comportamentos. Por exemplo, se um bairro inteiro estiver sendo desafiado a deixar os jardins mais bonitos, enviar uma foto ou vídeo de um dos jardins reformados, com uma mensagem tipo "Confira o lindo jardim da família Crespo!", pode tornar o empurrão ainda mais forte.

Mas também existem empurrões mais sutis. Isso nos leva para o domínio da *economia comportamental*, um campo no qual Richard Thaler ganhou o Prêmio Nobel de economia em 2017; além de suas contribuições teóricas para o campo, Thaler escreveu alguns livros para ajudar não economistas a entender princípios fundamentais importantes. O conceito-chave por trás da economia comportamental é que os ambientes incentivam escolhas particulares. Encontrar um modo de alterar o ambiente para que o comportamento desejado "simplesmente aconteça" pode ser muito mais fácil que ter de trabalhar de um modo proativo. O exemplo clássico (sobre o qual Thaler exerceu uma influência indireta) foi o desafio de conseguir que os funcionários da Vanguard guardassem dinheiro para a aposentadoria. A abordagem tradicional é dar aos novos funcionários informação sobre os planos especiais e sobre o modo de se inscrever para participar. Esse método geralmente resultaria em uma participação de cerca de 40% dos funcionários. Contudo, uma nova lei de 2006 deu aos funcionários outra opção: em vez de fornecer a eles um formulário para assinar, podiam pedir que marcassem a opção *não*, se não quisessem participar, assinando um formulário para esse propósito. A mudança parece sutil – poucas palavras sobre questões importantes para novos funcionários – até considerarmos os resultados. Mais de 90% dos funcionários no estudo da Vanguard optaram por participar.

Até agora focamos sobretudo no empurrão como um mecanismo para levar os indivíduos a agir. Mas vamos dar um passo atrás e pensar no grupo como um todo. Além das especificações sobre o cumprimento de uma determinada tarefa, o que temos em mente é a construção de um ambiente onde os membros do grupo saibam que podem confiar uns nos outros. Como dissemos no Capítulo 2, a confiança é construída quando alinhamos nossas palavras às nossas ações. Os minicompromissos que as pessoas firmam umas com as outras são as palavras – o empurrão ajuda a assegurar que o círculo está fechado. À medida que há um acúmulo de minicompromissos que foram cumpridos, a confiança do grupo aumenta. É como se estivéssemos construindo uma corda. Se olharmos atentamente para uma corda, veremos que os fios estão entrelaçados. Isso tem uma função prática em termos de permitir o fácil manuseio da corda. Mas fora isso, a torção dos fios assegura uma distribuição uniforme da tensão ao longo da corda e garante que nenhum fio tenha de suportar uma parcela excessiva da carga. Isso é importante porque quanto mais forte a corda, mais pesado o objeto que ela pode puxar. Um grupo com um alto nível de confiança tem a capacidade –a resiliência – para enfrentar grandes desafios.

Há também outro tipo de confiança sendo construída – a confiança que o grupo deposita em *você* para mantê-los no caminho certo. Você pode ter a sensação de estar sendo intrometido ou estar "incomodando" as pessoas, e às vezes a reação de alguém ("por que não me deixa em paz?) pode reforçar esse medo. Mas olhe para seu papel de modo diferente: o que os membros de seu grupo mais temem é a perca de tempo.

Todos nós já fomos membros de grupos que não conseguiram cumprir o objetivo estabelecido. Não porque a abordagem estivesse errada, mas porque o esforço foi incompleto. As coisas simplesmente desmoronaram. Se você foi uma das pessoas que se destacaram, enquanto outras não, talvez tenha julgado que alguns se aproveitaram de sua boa-fé e integridade. Com o empurrão, você está fazendo algo diferente. Está fazendo com que o incentivo não perca força. Está mantendo as pessoas alinhadas e energizadas. Ainda pode haver alguém que não faça o que disse que faria, mas as outras pessoas do grupo vão se sentir protegidas – há alguém cuidando delas.

CONECTANDO

Outro hábito de líderes ágeis que fortalece uma rede é *conectar* a essa rede novas pessoas e outras redes. Embora o aumento da confiança amarre com força os fios de uma corda, ainda podemos aumentar a força da corda para erguer um objeto pesado adicionando mais fios. Ao nos conectarmos, procuramos intencionalmente aumentar a rede. Como vimos ao discutir a estrutura de uma rede no Capítulo 1, as redes têm limites porosos. Conectar-se é desempenhar um papel ativo para ajudar as pessoas a cruzarem essas fronteiras ficando conectadas com maior firmeza à sua rede.

Cada adição à rede traz novos recursos e ativos que podem ser fundamentais para o trabalho futuro do grupo. Em certos casos você estará ciente de uma necessidade específica – de um ativo físico como um espaço para reunião, por exemplo. Outras vezes não estará exatamente certo da contribuição que uma pessoa poderia dar, mas acha que ela deveria estar conectada à sua rede, então quando o momento certo surgir, o início de um relacionamento já existe. Ed é especialmente hábil para construir conexões como essa, "fechando o triângulo" (aprendeu esse modo inteligente e simples de construir redes com seu colega Valdis Krebs, um consultor talentoso do campo das redes sociais; Valdis foi o criador do "mapa" da rede do iPhone que compartilhamos no Capítulo 1). Ed identifica alguém dentro de sua rede que tem um interesse em comum com alguém que acabou de conhecer e manda um *e-mail* como este:

> Terri, quero que conheça o Joe. Estou apresentando vocês porque acho que podem ter alguns interesses em comum e poderiam se beneficiar com esse encontro.
>
> Terri faz parte do nosso grupo de competitividade regional. É uma das vice-presidentes da Câmara de Comércio e tem muita experiência trabalhando com empresas estrangeiras presentes na região metropolitana.
>
> Conheci Joe semana passada, em uma conferência. Joe acabou de se mudar para cá com a Acme Inc., que está começando a considerar a possibilidade de aumentar sua atividade na América Latina. Ele está interessado em aprender um pouco mais sobre a cultura de negócio de lá.
>
> Acho que você dois poderiam ter uma conversa interessante sobre seus interesses mútuos e experiências. Estou fazendo o contato para que se conectem melhor.

Falamos sobre o tamanho do grupo no Capítulo 2 e a perspectiva de crescimento de sua rede pode significar que, em algum momento, você começará a esbarrar no limite máximo de um grupo de alto funcionamento. Quando isso acontecer, você provavelmente precisará se dividir em dois grupos para buscar por projetos diferentes. Outros membros da rede precisarão avançar também como líderes ágeis, e eles podem precisar de sua assistência ao fazê-lo.

Ao treinar outros para se tornarem colaboradores mais eficazes, a metáfora de ensinar uma criança a andar de bicicleta pode ser útil. Primeiro, a criança precisa ver alguém pedalando com facilidade – e talvez ela esteja em uma cadeirinha fixada na parte de trás de sua *bike*. Depois ela faz uma tentativa; a princípio em uma bicicleta com rodinhas, mas logo as rodinhas serão retiradas e ela sentará no banco regular para sair correndo sozinha. Por fim você já não precisa tomar conta dela, e embora a princípio ela possa estar um pouco insegura (e com raiva porque você a soltou!), logo avançará com rapidez pela vizinhança.

Da mesma forma, ajude os outros a desenvolver suas habilidades explicando primeiro o que você está fazendo da maneira como está fazendo, depois deixe que pratiquem com você perto e, em seguida, deixe-os seguir por conta própria. Assim como aconteceu com você, esses novos meios de trabalhar em conjunto podem parecer, a princípio, meio assustadores, mas os novos líderes ganharão confiança com a experiência.

Embora estejamos falando sobre conexão, também vale a pena mencionar a "desconexão". Os limites porosos estão nos dois sentidos – às vezes uma pessoa que tem estado próxima do centro de sua rede, alguém com quem você trabalhou com grande proximidade, precisa se afastar. Talvez as responsabilidades do trabalho dela tenham se alterado, ela esteja se mudando para uma parte diferente do país ou uma criança esteja prestes a entrar na família. Ou talvez ela tenha concluído que realmente *não quer* ser parte de um grupo do qual se esperaria que participasse ativamente (ou como disse recentemente uma pessoa em um de nossos *workshops*: "Não imaginei que vocês queriam que eu realmente *fizesse* alguma coisa!"). Dizer adeus também faz parte do cultivo das redes.

PROMOVENDO

O terceiro hábito para implementar é o de *promover*. A não ser que seu grupo esteja envolvido em algum tipo de espionagem, você quer dar publicidade a seus êxitos. Isso ajuda a atrair para sua rede pessoas a quem talvez você não tivesse acesso de outra maneira. A promoção é particularmente importante se seu grupo é do tipo que não tem muito acesso a recursos financeiros. Pessoas com dinheiro tomam decisões sobre onde investir baseadas em parte no cálculo de risco – e o melhor atrativo de baixo risco é um histórico de conquistas. Mesmo que seus êxitos sejam pequenos, eles comunicam que você é um bom cliente para se investir.

A maneira como você promove seu trabalho pode variar extremamente. Poderia ser de tudo, desde uma conversa intencional, mas informal, com um tomador de decisões no refeitório da empresa a uma campanha de impacto nas redes sociais. Não podemos lhe dizer o que faz sentido para seu grupo e há vários livros sobre promoção, *marketing* e mídias sociais que são ótimos recursos. No entanto, todos do grupo devem estar preparados para explicar o que você está fazendo, o que às vezes é chamado de "discurso de elevador" – uma descrição clara em menos de 2 minutos (tempo médio para a viagem em um elevador).

Dar um empurrãozinho, conectar-se e promover-se são maneiras utilizadas pelos líderes ágeis para garantir que os esforços não morrerão à mingua. São hábitos para serem construídos e, como todo novo hábito, exigem tempo, atenção consistente e alguns podem ser adquiridos com mais facilidade que outros. São as habilidades que transformam a boa ideia de um grupo em um verdadeiro impacto para uma companhia, comunidade ou organização.

COLOCANDO A HABILIDADE PARA TRABALHAR: O LÍDER ÁGIL COMO PRIMEIRO AGENTE DE AÇÃO

Em nosso trabalho, muitas vezes chamamos a pessoa que assume a tarefa de dar o empurrãozinho, conectar e promover de "Primeiro Agente de Ação" ("Chief Doing Officer" [CDO]). Se tivéssemos de resumir o trabalho do CDO em uma só frase, ela seria: "ajudar um grupo a adquirir novos hábitos".

Não há uma experiência, título ou grau específico que seja um pré-requisito para ser um CDO – temos visto pessoas de todas as camadas sociais se saírem muito bem na função – e o único traço pessoal que é básico para todos é a inteligência emocional. Inteligência emocional é a capacidade de estar consciente de suas próprias emoções e das emoções dos outros, e de usar essa informação para optar pelos comportamentos corretos em cada situação. Em nosso contexto, isso é importante porque uma parte muito grande do trabalho do CDO é persuadir outras pessoas.

Como outros tipos de inteligência, a inteligência emocional é em grande parte algo que as pessoas têm como resultado de genética, temperamento e/ou educação precoce – você realmente não consegue mudar isso para além de certo ponto, embora conhecer suas limitações *vá* ajudá-lo a perceber quando chegar o momento de pedir ajuda. Infelizmente, pessoas com níveis mais baixos de inteligência emocional são também as que têm menos consciência a esse respeito. Um "sinal de alerta" é o fato de frequentemente você encontrar pessoas ofendidas por algo que você disse ou fez, mas você achar que elas estão exagerando. Se este for o caso, ou se você simplesmente não tiver certeza sobre sua própria inteligência emocional, talvez precise pedir um *feedback* sincero a uma pessoa de confiança. Se sua inteligência emocional for baixa, talvez precise pedir que alguém do seu grupo assuma pelo menos algumas das funções que descrevemos neste capítulo.

Começando pelo início: é importante avisar com antecedência ao grupo que você dará empurrões. Certifique-se de que as pessoas entendam que seu empurão não é uma crítica a alguém, mas é um meio de ajudar o grupo a alcançar o que todos querem.

Considerar os conceitos da economia comportamental pode levá-lo a algumas abordagens criativas de incentivo. Como você poderia definir dicas ambientais que ajudassem as pessoas a se comportarem do modo como você precisa que elas se comportem – ou nas palavras de Richard Thaler, como você poderia ficar atento à "arquitetura da escolha"? Algumas abordagens que temos visto incluem:

- Montar uma pasta compartilhada em que cada pessoa deposita uma espécie de "relatório" sobre o que fez.
- Usar um documento compartilhado como um *checklist*. Use-o de uma maneira positiva – talvez haja uma linha para cada pessoa completar sobre os resultados de seu trabalho. Não faça isso de maneira punitiva, como uma lista de pessoas que não fizeram sua parte.
- Usar o "responder a todos" (com cuidado) para espalhar a notícia quando alguém completou seu trabalho ou descobriu alguma coisa interessante.
- Organize uma "viagem de campo" para ver uma região, organização ou equipe bem-sucedida em ação. Você não precisa explicar as lições; a simples exposição do que é eficaz já fala por si só e ajuda os grupos a definirem expectativas mais altas para si mesmos.

Cultive o hábito de convidar novas pessoas para trabalharem com você. Cada uma trará consigo seus ativos e eles poderão abrir novas oportunidades. Conte às pessoas o que você está fazendo e convide-as para entrar. Todos estão ocupados, mas pouca coisa é mais atraente do que um grupo que está *realizando coisas*. Peça aos seus colegas do grupo para fazer o mesmo tipo de conexão – com regularidade perguntem uns aos outros: "Há mais alguém que achamos que poderia querer se juntar a nós, que traria os novos recursos de que precisamos?". Observe sobretudo os *boundary spanners* em seu grupo – aquelas pessoas que estão em múltiplas redes. *Boundary spanners* geralmente são *spanners* principalmente porque gostam de fazer conexões entre pessoas. São alcoviteiros (profissionalmente falando) por temperamento.

Quando você ou algum outro membro do grupo emitirem um convite, certifiquem-se de que a pessoa entenda que há uma expectativa de que ela venha a ser uma participante integral do grupo – ela não estará em um comitê consultivo que existe apenas no papel. Assim como todos os outros, ela assumirá minicompromissos.

Líderes ágeis entendem que sua liderança não termina quando acaba uma reunião. Eles constroem relacionamentos com pessoas dentro do grupo para que possam incentivá-las a cumprir os minicompromissos que assumiram. Eles também cultivam relacionamentos com pessoas que não estão no grupo – divulgando o bom trabalho em andamento e procurando meios de conectá-las de alguma maneira à rede. São ao mesmo tempo participantes ativos e líderes de torcida para os grupos que lideram.

ESTUDO DE CASO:
TRANSFORMANDO MINICOMPROMISSOS EM INOVAÇÕES MAIORES

Na introdução deste livro mostramos a busca de um grande empreiteiro de defesa por uma solução de manutenção baseada em algumas condições. Ao examinarmos essa última habilidade da liderança ágil, queremos ilustrar como ela se parece com "o terreno", deixando que você dê uma olhada no processo que estava envolvido no desenvolvimento e na implementação dessa iniciativa. A companhia, uma empresa aeroespacial e de segurança global, dava grande prioridade à inovação. Em 2015, a liderança da empresa em Moorestown, Nova Jersey, conversou com Tim Franklin, do Instituto de Inovação de Nova Jersey (New Jersey Innovation Institute [NJII]) sobre a possibilidade de encaixar o NJII em uma parceria para conduzir um conjunto de experimentos de inovação. O pensamento por trás desses experimentos foi introduzir na firma novas ferramentas de inovação que pudessem ajudar a empresa a acessar fontes não tradicionais de inovação na busca por uma versão melhor, mais rápida e mais barata da ideia para uma solução possível de ser implantada. Um desses experimentos girou em torno do emprego de uma metodologia aberta de inovação que gerasse soluções de produtos que atendessem à necessidade de prever melhor quando ocorreriam falhas no equipamento ("manutenção baseada em condições" ou CBM) em sistemas avançados de defesa.

Tim convidou Ed e Scott para ajudar a orientar o processo e designou Mike van Ter Sluis, diretor-executivo de Serviços de Inovação, como "Primeiro Agente de Ação" do projeto. O NJII lançou uma chamada para empresas de Nova Jersey com experiência em vários dispositivos associados a CBM (por exemplo, sensores, dispositivos para análise de dados, visualização e realidade aumentada), convidando-as a fazer parte do desenvolvimento de uma solução CBM com o empreiteiro da defesa. Mike, Ed e Scott planejaram e conduziram uma série de *workshops* para avaliar como poderiam colaborar no desenvolvimento de soluções. Os objetivos eram compreender como o CBM tinha sido aplicado em outras indústrias e como as tecnologias atuais, representadas pelas companhias no *workshop*, poderiam ser combinadas para criar uma solução e elaborar um plano de investimento para o empreiteiro da defesa compartilhar com o Departamento de Defesa. Cerca de 90 companhias de todo o estado aceitaram o convite para participar.

Mike acompanhou cuidadosamente os minicompromissos firmados por vários participantes do processo, incentivando-os conforme necessário para garantir que o trabalho do projeto continuasse no caminho certo. Documentou com cuidado as discussões do projeto e os itens de ação, garantindo que todos os membros da equipe tivessem acesso a todas as partes das discussões e desdobramentos. Mike se comunicava com regularidade com o cliente para contratar especialistas adicionais em determinados assuntos conforme o desenvolvimento do projeto o exigia (conectando novas pessoas à rede) e assumia a responsabilidade inicial de criar o prospecto que reuniria o trabalho do grupo. Quando um dos prospectos estava concluído, Mike marcou uma reunião para o grupo apresentar seu roteiro e prova de conceito ao empreiteiro da defesa (promovendo o trabalho do grupo como uma solução em potencial). Um acompanhamento consistente foi a chave para transformar as boas ideias que as 90 empresas geraram nos *workshops* originais nos planos práticos e realistas que eram necessários. "'Dar um empurrãozinho' parece diferente para clientes corporativos, pelo menos no desenvolvimento aberto de tecnologia inovadora", diz Mike, porque as pessoas têm um objetivo muito claro em mente. Talvez eu descreveria isso como "dirigir" em direção à expectativa do cliente, o que é uma sensação mais intensa que um empurrão. Foi um esforço significativo. Fiquei responsável por agrupar todos os ativos em uma proposta coerente de um projeto de investimento. No fim do dia, o NJII foi o responsável pela entrega – embora estivéssemos alavancando os ativos de uma rede que nós, do NJII, não possuíamos nem controlávamos.

"Neste projeto, houve um esforço muito seletivo e restritivo. Que é bem diferente de quando usei essa mesma habilidade no desenvolvimento econômico regional. Lá, tenho tentado aumentar a rede de modo exponencial trazendo novas pessoas e ativos. Mas a ideia de um acompanhamento atencioso é fundamental nos dois tipos de trabalho."

Capítulo 12

DEZ HABILIDADES. ENTENDI. E AGORA?

Nos últimos dez capítulos, apresentamos dez habilidades diferentes. Você pode usar qualquer uma dessas habilidades com os grupos, as equipes e as organizações das quais faça parte e que estejam enfrentando desafios complexos. Eles exigem prática para serem dominados, mas de imediato você verá ganhos de produtividade. Menos horas perdidas em reuniões. Menos confusão sobre que caminho seguir. Mais entusiasmo e engajamento no trabalho que você faz.

Cada uma dessas habilidades é independente. Pense um pouco, por exemplo, nas conversas estratégicas que você precisa ter. Reserve um tempinho para garantir que elas ocorram em um local e em um espaço seguros. Só isso já pode ser transformador; vimos como a primeira habilidade, aplicada e reforçada, começa a mudar uma maré de maus hábitos de conversa. Quando seguras, as pessoas ficam mais dispostas a revelar e a compartilhar seus ativos.

A segunda habilidade tem o mesmo potencial. Ouvimos, repetidamente, comentários sobre grupos que, se limitando a discutir sobre qual *devia* ser a pergunta – e ainda sem tentar sequer responder a ela – mudaram por completo as conversas que estavam tendo. Não precisavam mais implorar para que as pessoas comparecessem às reuniões de treinamento de novos líderes, pois muitas delas querem fazer parte de um grupo que ousa sonhar um novo sonho.

Aqui está outro exemplo. Se você se deparar com várias oportunidades mas só tem tempo ou recursos financeiros suficientes para aproveitar uma, faça a matriz da Grande Chance. Você descobrirá que as duas dimensões desta matriz o ajudarão a encontrar um bom ponto de equilíbrio entre impacto e facilidade de implementação. Em 1772, Benjamin Franklin, escrevendo para seu amigo, o eminente cientista britânico Joseph Priestly, explicou como tivera de tomar decisões difíceis entre duas opções. De um lado, fez a lista dos "prós". Do outro lado, a lista dos "contras". Também atribuiu pesos a diferentes razões. Então comparou sua lista dos prós com a lista dos contras para chegar a uma decisão. Você pode imaginar a Grande Chance como uma continuação dessa tradição: usar ferramentas do senso comum para chegar a decisões complexas. A Grande Chance é uma maneira simples de tornar sua intuição estratégica explícita e visível, seja individualmente ou em um grupo.

Neste ponto queremos fazer uma pausa por um momento. À medida que nos aproximamos do final deste livro, talvez tenhamos de fazer um pequeno pedido de desculpas para você. Dissemos "talvez" porque a necessidade ou não do pedido de desculpas depende das expectativas que você tinha quando pegou o livro. Pensamos muito sobre o título e a perspectiva por meio da qual o escrevemos. Finalmente, decidimo-nos pela perspectiva da "liderança". Mas não nos referimos à liderança no sentido tradicional do indivíduo iluminado sentado no topo da organização.

Se você pegou este livro achando que conseguiria *insights* sobre dez habilidades que *conseguiria dominar* para ser *o* líder ágil de sua empresa, equipe, comissão ou organização, temos então de nos desculpar. Por que? Porque você não será capaz de dominar por completo todas as dez. Haverá provavelmente uma ou duas para os quais já está muito bem preparado; elas estão no seu DNA ou você as dominou por meio de anos de experiência. Várias outras provavelmente você será capaz de desenvolver, atingindo algum nível de expertise. Algumas pessoas, no entanto, provavelmente terão vontade de escrever com sua mão não dominante – escrever de modo legível, ainda que com esforço. Entre nós cinco, o grupo que escreveu este livro, cada um tem seus pontos fortes: por exemplo, Janyce é mestre no desenvolvimento de perguntas apreciativas. Ed é ótimo em desencobrir ativos ainda não descobertos.

Se o título do livro fosse "Dez Habilidades para *o* Líder Ágil", realmente estaríamos devendo um pedido de desculpas a você e talvez até mesmo a devolução do seu dinheiro. Felizmente, não usamos esse título. Na realidade, prometemos dez habilidades para a *liderança* ágil; e a liderança que temos em mente depende do coletivo, não do individual. Nosso foco não está no líder individual, mas sim na liderança como *característica compartilhada de um grupo ou de uma equipe*. Em outras partes do livro, usamos a expressão "liderança colaborativa" ou "liderança compartilhada".

Liderança compartilhada é definida como a liderança exercida pela equipe como um todo e não apenas por um único indivíduo designado. Como lembramos no Capítulo 9, há um corpo crescente de pesquisas que apontam para a liderança compartilhada por equipes e organizações como associada positivamente à eficiência e à produtividade da equipe; sendo *inclusive mais forte* a relação entre liderança compartilhada e eficiência quando o trabalho da equipe é altamente complexo. Para alguns de nós, isso é uma noção ilógica, pois a complexidade pode parecer um caos e, no meio do caos, nos sentimos melhor quando alguém se levanta e grita: "Eu estou no comando".

Para entender melhor por que a liderança compartilhada é eficiente para a realização do trabalho complexo recorremos ao trabalho do psicólogo W. Ross Ashby. Ele escreveu extensivamente sobre algo chamado *Lei da Variedade Necessária*. É uma ideia tão intimamente associada a ele que é às vezes é referenciada como "Lei de Ashby". Ashby destacou que um ambiente complexo é aquele que tem muita variedade ou muitas variáveis. É isso que o torna complexo. Ashby disse que qualquer tentativa de lidar com essa complexidade deve ter uma quantidade *igual*, ou necessária, de variedade. A lei de Ashby foi declarada e validada como uma lei cibernética (a ciência das comunicações e dos sistemas de controle). Mas se olharmos mais profundamente, a visão de Ashby abre a porta para uma compreensão interessante e importante de por que a diversidade é relevante quando trabalhamos com sistemas complexos e desafios confusos. É por isso que a liderança compartilhada se tornou tão importante. Na maioria das vezes, um único líder simplesmente não terá variedade suficiente de experiências, competências e *expertise* para administrar o caminho de uma situação complexa.

Em seu livro *The Difference* [A Diferença], Scott Page nos deixa avançar pelo caminho que considera como nossas diversas qualidades como indivíduos contribuem para o funcionamento de um grupo. Por diversidade, Page não está pensando em nossa identidade – as manifestações externas da diversidade que vemos em diferenças raciais, étnicas ou de gênero. Na realidade ele se refere à *diversidade cognitiva*, aos diferentes meios pelos quais cada um de nós vê o mundo. O que importa são nossas diferenças internas, nossas aptidões cognitivas. As outras categorias de diversidade também têm sua importância, mas um grupo que parece diverso por fora pode ainda continuar pensando de forma muito parecida por dentro.

Pense neste ponto por um momento. Com os desafios complexos que enfrentamos, estamos lidando com grandes redes que não podemos ver de um único ponto de vista. Pense na mudança climática, em uma empresa tentando acelerar a inovação ou na violência armada em um bairro pobre. Embora possamos ver certas manifestações desses desafios, não conseguimos ver os sistemas humanos subjacentes que produzem o que percebemos. Nossa economia, nossas comunidades, nossas organizações: todas elas são formadas por redes humanas em movimento incorporadas a outras redes. Page está salientando que precisamos de um conjunto diversificado de habilidades cognitivas se quisermos ter esperança de compreender, projetar e orientar essas redes.

Uma coisa é aceitar que precisamos desse tipo de diversidade; outra, bem diferente, é descobrir como usar o conceito para tornar as equipes mais eficientes. No Laboratório de Strategic Doing da Universidade Purdue estamos usando uma poderosa ferramenta de diagnóstico de equipe desenvolvida por nossa parceira *Human Insight*, na Holanda. Com essa ferramenta (chamada AEM-Cube®), estamos aprendendo a montar equipes diversas cognitiva e estrategicamente. Estamos entendendo por que algumas pessoas são realmente boas nas habilidades 3, 4 e 5 e não tão boas nas habilidades 8, 9 e 10 (ou vice-versa). Considerando todo o espectro de nossa diversidade, podemos encontrar o caminho para organizações e comunidades mais resilientes, sustentáveis e prósperas.

Se você prestou atenção às histórias que contamos ao longo deste livro, notará que não eram histórias de indivíduos mas sim de grupos de pessoas. Ao escrever o livro, voltamos a conviver com as pessoas que estiveram envolvidas em cada uma dessas histórias – e embora um ou mais de um de nós pudesse estar envolvido no trabalho naquele momento, quisemos saber o que tinha acontecido desde então e conhecer seus reflexos depois de transcorrido algum tempo. Quando lhes perguntamos sobre suas experiências, eles não nos contam histórias de "heroísmo" individual ou de indivíduos que se destacavam; contam histórias de liderança compartilhada. Mesmo quando são questionados sobre seu trabalho e alguém pergunta diretamente algo como: "Quem é o líder desse esforço?", a resposta geralmente inclui várias pessoas, ou mesmo: "O líder somos todos nós".

Olhando para trás, descrevemos dez habilidades que você pode usar para construir e fortalecer laços de cooperação. E você pode praticar e compartilhar cada um delas:

1. Construindo um espaço seguro para conversas profundas e focadas.
2. Usando uma pergunta apreciativa para enquadrar sua conversa.
3. Identificando os ativos à sua disposição, incluindo os ocultos.
4. Vinculando e alavancando seus ativos para criar novas oportunidades.
5. Identificando uma grande oportunidade em que você possa gerar impulso.
6. Redefinindo sua oportunidade como um resultado estratégico com características mensuráveis.
7. Definindo um pequeno projeto inicial para começar a avançar para seu resultado.
8. Criando um plano de ação de curto prazo em que todos deem um pequeno passo.
9. Fazendo reuniões a cada 30 dias para analisar o progresso, fazer ajustes e planejar os próximos 30 dias.
10. Dando empurrões, fazendo conexões e promoções para reforçar seus novos hábitos de colaboração.

JUNTANDO TUDO: STRATEGIC DOING

Embora cada uma das habilidades individuais seja uma poderosa ferramenta, essas habilidades também trabalham agrupadas em uma estrutura de coerência elegante. Aprendemos a construir colaborações complexas seguindo as ideias simples que compartilhamos. Para entender esse ponto, pense em um bando de gansos ou estorninhos*. Suas formações complexas e em contínua expansão emergem de cada ave seguindo um pequeno conjunto de regras simples. O mesmo é acontece nas colaborações humanas. Colaborações complexas surgem quando seguimos um pequeno conjunto de regras simples. Essas regras – na realidade apenas a implementação de cada uma das habilidades – incorporam uma série de práticas que os acadêmicos consideraram válidas para uma ampla variedade de áreas, incluindo psicologia, gestão estratégica, desenvolvimento organizacional, ciência cognitiva, economia comportamental, economia da complexidade e antropologia cultural.

Passamos mais de vinte e cinco anos desenvolvendo essa estrutura coerente e cerca de dez aprendendo como ensiná-la a outros. Nós a testamos com cientistas espaciais da NASA e com líderes comunitários em Flint; com faculdades com muitos cursos em mais de 60 universidades; com engenheiros em uma grande empresa de defesa e em pequenas empresas de tecnologia; com executivos e administradores universitários. Lidamos com trabalhadores braçais, profissionais de desenvolvimento econômico e comunitário; CEOs e equipes de gestão; educadores e estudantes; pesquisadores e administradores; funcionários do governo e políticos eleitos.

Na maioria das situações, introduzimos essa estrutura apresentando o desafio como uma das conversas colaborativas mencionadas. Tendemos a pensar que as conversas "só acontecem", mas quando estamos diante de desafios complexos não podemos deixá-las ao acaso – a conversa precisa ser intencionalmente projetada. As conversas colaborativas começam com o que chamamos de as Quatro Perguntas, mostradas na Figura 12.1:

---

* Pássaros encontrados na Europa, África e Ásia. (N. do T.)

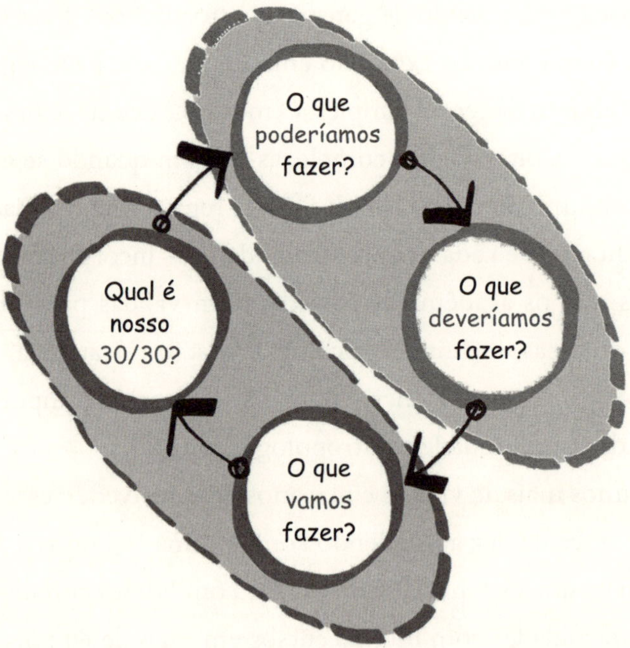

Figura 12.1 As quatro perguntas do Strategic Doing.

1. O que poderíamos fazer? Quais são todas as possíveis oportunidades que estão diante de nós – usando apenas os ativos que já temos – e que podem resolver nossas preocupações?
2. O que deveríamos fazer? Não podemos fazer tudo; o que, dentre todas as oportunidades, devemos perseguir, e como seria o sucesso?
3. O que vamos fazer? Por onde vamos começar e quais são os compromissos que estamos firmando entre nós para dar início ao projeto?
4. Qual é nosso 30/30? Quando, exatamente, vamos nos reunir novamente para compartilhar o que fizemos, para que possamos aprender com nossa experiência, ajustá-la se for preciso e traçar nosso próximo conjunto de compromissos?

Você provavelmente verá como cada uma das habilidades se encaixa em algum lugar desta sequência. As habilidades 1 e 2 o ajudarão a preparar o terreno para conversas produtivas e colaborativas. As habilidades 3 e 4 serão os componentes de "O que poderíamos fazer?" – identificando novas oportunidades que aproveitam os ativos que já temos. As habilidades 5 e 6 vão compor "O que deveríamos fazer?" – escolhendo a oportunidade certa e explorando-a para termos certeza de que estamos compartilhando o que o sucesso parece trazer para todos nós. As habilidades 7 e 8 se tornarão "O que vamos fazer?" – definindo um pequeno projeto que poderemos realizar juntos em um curto período de tempo para testar nossa ideia. E "Qual é nosso 30/30?" vai se basear nas habilidades 9 e 10, nos quais garantimos que vamos nos reunir com regularidade e continuaremos seguindo em frente. Ao fazer isso, atraímos novas pessoas e ativos.

À medida que trabalharmos com essas questões, poderemos chegar a um ponto de decisão por um simples motivo: concluímos nosso projeto inicial. Uma de nossas ideias se revelou impossível. Mas alguém disponibiliza uma reserva de dinheiro. E agora? Voltamos à primeira pergunta: "O que poderíamos fazer?". Afinal, é um círculo.

Começamos este livro dizendo que o conjunto de habilidades apresentadas aqui constituem o Strategic Doing, o Fazer Estratégico. Isso é verdade, mas quando usamos as habilidades desta maneira *particular*, fazendo as Quatro Perguntas de um modo iterativo, o Strategic Doing pode ser mais transformador. Há uma diferença fundamental do planejamento estratégico tradicional que, com frequência, é um processo longo e demorado para a tomada de decisões de investimento. E já aprendemos que os protocolos mais rígidos e complexos do planejamento estratégico tradicional não funcionam bem em um mundo cada vez mais orientado pelas redes. Ainda enfrentamos decisões difíceis sobre onde investir nosso tempo e nossos recursos limitados, mas precisamos tomar as decisões de um modo bem diferente.

Quando concluímos que precisávamos de uma disciplina inteiramente nova de estratégia, tivemos de começar com uma pergunta simples: o que queremos dizer com estratégia? Decidimos impor uma definição rigorosa. Como descrevemos no primeiro capítulo, uma estratégia eficiente responde a duas perguntas: *Para onde estamos indo?* e *Como chegaremos lá?* Se pudermos responder a essas duas perguntas, temos uma estratégia eficiente. Usando esta definição rigorosa, podemos rapidamente entender por que tantos esforços de planejamento estratégico fracassam. Eles não respondem a essas perguntas de um modo adequado, que inspire compromisso.

Projetamos as quatro perguntas do Strategic Doing para orientar os grupos a preencher essa lacuna. As duas primeiras questões do Strategic Doing – O que poderíamos fazer? e O que deveríamos fazer? – nos dão o destino. Elas vão responder a: "Para onde vamos?". As outras duas perguntas do Strategic Doing – O que vamos fazer? e Qual é nosso 30/30? – nos fornecem um caminho e respondem a "como vamos chegar lá?". Em um planejamento estratégico tradicional, essas perguntas são revisitadas com longo intervalos – no máximo, todo ano; a cada cinco ou dez anos é o mais frequente. Em contraste, no Strategic Doing vemos que a estratégia *emerge* de uma disciplina compartilhada de perguntar e responder repetidamente a essas perguntas simples, mas nada fáceis. Nesse sentido, à medida que acumulamos aprendizado pela ação, refinamos nossa estratégia. Criamos confiança e projetamos o que vem a seguir. No mundo da colaboração e das redes, a estratégia se torna mais parecida com um desenvolvimento de *software*. Iteração e melhoria contínuas nos fazem avançar para onde queremos ir.

A maioria dos estudos de caso apresentados até este ponto no livro são de grupos que usaram uma abordagem abrangente de Strategic

Doing – e simplesmente nos concentramos em um aspecto particular de sua história para ilustrar a habilidade destacada no capítulo. Para explicar mais sobre como a abordagem funciona, voltemos nossa atenção para algumas das maneiras como você pode usar o Strategic Doing: seja como indivíduo, com um pequeno grupo ou em uma grande iniciativa. Também incluímos mais alguns exemplos de nosso trabalho que ilustram como uma abordagem abrangente do Strategic Doing se concretiza.

USANDO O STRATEGIC DOING COMO INDIVÍDUO

As quatro perguntas do Strategic Doing fornecem um padrão conveniente para criar uma conversa colaborativa. Uma de nossas colegas pôs um mapa do ciclo do Strategic Doing atrás da porta do seu escritório. Ao falar com colegas ao telefone, ela se refere a essa lista. "Se não estivermos respondendo a uma dessas perguntas", diz ela, "isso não é uma conversa estratégica. Não estamos trabalhando nossa colaboração". Isso a ajuda a reorientar seus apelos por um trabalho significativo realizado em conjunto, não apenas pela realização de uma "verificação".

Scott vê outra aplicação do Strategic Doing, uma aplicação que será apreciada por qualquer um que tenha um filho adolescente. Um dia ele fez uma pergunta apreciativa para o filho: "Como seria a experiência de ter seu quarto limpo quase sempre?". Apanhado de surpresa pela pergunta, o filho responde: "Bom, você não ia me dizer que eu não poderia sair porque meu quarto não estava limpo" (Há um resultado mensurável!). Agora Scott e seu filho podem usar essa pergunta para explorar "O que poderíamos fazer?" Não é como se o quarto fosse de repente ficar sempre imaculado, mas o Strategic Doing permitiu que Scott tivesse um tipo diferente de conversa com o filho, uma conversa que se espera ser muito mais produtiva.

Ed conta outra história. Quando viajou para Stuttgart, na Alemanha, Ed estava explorando a possibilidade de colaboração com um instituto alemão de pesquisa, o Fraunhofer IAO. Conseguiu marcar um encontro de duas horas com dois diretores de uma equipe de pesquisa sobre inovação. Ele estava interessado em avaliar se seria possível um trabalho conjunto com a Purdue. Não disse que estava usando o Strategic Doing, mas recorreu secretamente às Quatro Perguntas para organizar a conversa. Durante o encontro, dividiu o tempo e fez questão de empregar cada uma das perguntas. E foi assim, fazendo as perguntas, que levou a conversa à frente. No avião, voltando para casa, Ed elaborou um plano de ação estratégico que identificava 12 potenciais oportunidades, concentrado-se em duas oportunidades para começar e estabelecendo tanto um projeto inicial quanto um plano de ação. Esse plano de do fazer estratégico serviu de base para uma parceria que continua a se fortalecer a cada ano.

Peter Drucker, o famoso estudioso de gestão, disse: "O importante e difícil nunca é encontrar as respostas certas, mas encontrar a pergunta certa". A liderança em redes envolve principalmente orientar as conversas fazendo perguntas. O Strategic Doing fornece um conjunto poderoso de perguntas simples para que possamos projetar e liderar nossas próprias conversas colaborativas.

USANDO O STRATEGIC DOING EM UM PEQUENO GRUPO

Se fizer parte de uma força-tarefa, de uma comissão ou equipe de trabalho, você poderá empregar o Strategic Doing para orientar seu trabalho usando as habilidades de modo sequencial. Pense em um lugar seguro, decida qual é a pergunta instigante e comece o trabalho em conjunto conversando sobre os ativos que vocês têm. São as habilidades de 1 a 3.

O restante seguirá naturalmente, com a ressalva de que a Habilidade 10 é contínua, estendendo-se ao longo do trabalho do grupo.

Um participante de uma das nossas oficinas de Strategic Doing nos procurou depois do encontro e perguntou: "Posso usar esta abordagem na minha sinagoga?". Na verdade, vários participantes usaram o Strategic Doing em suas igrejas e em outras comunidades de fé. Enfrentar um problema relativamente grande com relativamente poucos recursos é um desafio comum para esses grupos. Projetar conversas com o Strategic Doing abre a porta para um pensamento mais criativo e horizontal dentro do grupo.

No Laboratório de Strategic Doing da Universidade Purdue, Ed, Scott e Liz usam o Strategic Doing para ajustar semanalmente a estratégia do laboratório. Em vez de 30/30s, usamos 7/7s, pois nosso ambiente altera-se de forma contínua. Conservamos nossa pergunta central de enquadramento no fundo de nossas mentes: "Imagine que o Laboratório de Strategic Doing da Universidade Purdue tenha transformado o modo como estratégia e colaboração são ensinadas em universidades por todo o globo. O que isso significaria?". Estamos sempre à procura das oportunidades para a Grande Chance que possa nos ajudar a responder a essa pergunta. Tais oportunidades são compromissos bastante evidentes que podem servir como oportunidades de aprendizado para todos os envolvidos. Procuramos parceria com uma universidade local para que possamos replicar, dimensionar e sustentar nosso trabalho. Quando pipocam novas oportunidades que atendam aos nossos critérios para a Grande Chance, fazemos ajustes com rapidez.

Aqui está um bom exemplo. Há muito tempo, recebemos um telefonema do escritório de Yo-Yo Ma. Violoncelista de renome mundial, Yo-Yo está profundamente interessado em levar artes e educação cultural para o centro das conversas em nossas comunidades. Yo-Yo tinha ouvido falar sobre nosso trabalho do Strategic Doing e quis saber se poderia ajudar a projetar e orientar uma oficina para líderes cívicos em Youngstown, Ohio. A brincadeira dependia da percepção de um momento oportuno. Só faltava uma semana para a apresentação de Yo-Yo em Ohio. Poderíamos nos movimentar com tanta rapidez? Aproveitamos a oportunidade. Em nosso encontro 7/7, fizemos ajustes rápidos para não deixá-la escapar e para continuar mantendo nos trilhos nossas outras prioridades.

Aqui está outro exemplo: usamos Strategic Doing *no* Strategic Doing. O desenvolvimento desta nova disciplina é orientado por uma equipe principal de cerca de dez pessoas, provenientes de todos os Estados Unidos. Cada uma vem usando a disciplina no mínimo há vários anos e, como grupo, estamos empenhados em vê-la crescer. Três vezes por ano, nos encontramos em algum lugar durante um dia e meio. No decorrer dessas sessões de trabalho, organizamos nossa agenda usando as quatro perguntas. Um de nós serve como guia para nos manter nos trilhos e em sintonia. Na verdade, este livro representa a oportunidade de uma Grande Chance que emergiu de uma de nossas sessões de estratégia. Durante anos, as pessoas andaram pressionando Ed a escrever um livro sobre o Strategic Doing e durante anos ele se esquivou. A razão: antes de conseguirmos reunir um grupo suficiente de pessoas que pudessem ensinar as dez habilidades do Strategic Doing e mostrar sua eficácia ao usá-las, qual era o sentido de escrever um livro? Agora temos um grupo suficientemente grande de universidades conosco empenhadas em oferecer treinamento do Strategic Doing pelo menos uma vez por mês em alguma parte do mundo.

Igualmente importante, temos um grande grupo de pessoas com experiência profunda o bastante tanto para dar apoio ao crescimento do Strategic Doing quanto para escrever um livro.

USANDO O STRATEGIC DOING EM UMA GRANDE INICIATIVA

Em um contexto mais amplo, o Strategic Doing pode ser o novo "sistema operacional" para uma transformação organizacional ou do ecossistema. Pode (com o tempo) ajudar a estabelecer padrões novos, mais produtivos de pensamento e comportamento no interior de uma organização ou comunidade.

No Capítulo 8, deixamos que você desse uma espiada em um projeto do qual Liz participou; uma iniciativa para transformar, em 50 universidades, a experiência do aluno de graduação em engenharia. Nesse capítulo nos concentramos no lançamento de projetos, mas as equipes usaram o Strategic Doing para gerenciar de maneira mais geral o trabalho por meio da apresentação de uma questão estrutural.

Como já discutimos, no final do período de três anos, 50 equipes tinham lançado mais de 500 projetos coletivos. Esses projetos incluíam novos cursos e certificados, novas políticas universitárias dando aos alunos mais incentivos para criar novos produtos, novos "espaços de criação", inclusive centros universitários inteiramente novos. Ao acompanhar as equipes, Liz alcançou uma percepção ainda mais importante. As equipes mais produtivas costumavam usar (em média) oito das dez habilidades do Strategic Doing. As equipes menos produtivas costumavam relatar a utilização de apenas duas regras (novamente em média). Embora nossa pesquisa não tenha sido criada para examinar a causalidade (universidades são lugares complexos com muitas dinâmicas de trabalho), vemos uma forte correlação. Estamos dando continuidade a esta linha de pesquisa em nosso laboratório na Purdue. Nossa hipótese é que seguir a disciplina do Strategic Doing torna as equipes e organizações mais produtivas e, com o tempo, grandes transformações tornam-se possíveis.

Em outra comunidade, líderes cívicos em Rockford, Illinois, liderados por Rena Cotsones na Universidade do Norte de Illinois (NIU – Northern Illinois University), usaram o Strategic Doing para fortalecer suas companhias aeroespaciais. Esse setor crítico da economia de Rockford está ameaçado pela iminente escassez de talentos em engenharia. Em colaboração com parceiros da indústria e com a faculdade comunitária local, a NIU criou uma solução para o desenvolvimento de uma força de trabalho baseada na comunidade e integrada à indústria para atender à demanda por engenheiros. Estudantes da área de Rockford podem agora obter os bacharelados em engenharia mecânica e tecnologia aplicada à manufatura sem ter de viajar para o principal *campus* da NIU, em Dekalb, a 65 quilômetros de distância. Os cursos do terceiro e quarto ano da NIU são ministrados pelos professores da NIU no *campus* do Rock Valley College (RVC), a faculdade (comunitária) de Rock Valley. Os alunos têm estágios remunerados em empresas da área e recebem mentoria de ex-alunos da NIU local e do RVC.

Em reconhecimento da importância desta iniciativa, parceiros da indústria local lançaram a campanha de arrecadação de fundos "Construindo nosso Futuro", que arrecadou 6 milhões de dólares em nove meses para apoiar o programa. O presidente da principal empresa doadora, Woodward, continua fazendo reuniões semanais nas manhãs de segunda-feira com as equipes de liderança nas áreas da educação superior, indústria e vida comunitária para garantir a operação bem-sucedida e o crescimento do programa. Usando o Strategic Doing, líderes comunitários em Rockford projetaram caminhos claros do ensino médio à faculdade comunitária, à universidade e à carreira profissional. A iniciativa ganhou um prêmio de excelência em 2017 da Associação de Desenvolvimento Econômico Universitário (UEDA – University Economic Development Association).

Aqui está um exemplo final. Na Space Coast, na Flórida, em 2011, o futuro estava claro – tão claro, na verdade, que congelou os líderes comunitários. O ônibus espacial estava deixando de operar e a economia da região enfrentava uma grande transição. Lisa Rice, profissional de desenvolvimento de força de trabalho, entrou em contato conosco com uma pergunta simples: "O Strategic Doing pode nos ajudar?". Durante mais de dois anos, os líderes comunitários da Space Coast haviam tentado descobrir uma estratégia para o deslocamento que iria ocorrer quando o ônibus espacial deixasse de operar. Apesar de múltiplos encontros comunitários, eles não haviam realizado quaisquer ações concretas. Não tínhamos muito tempo. O telefonema de Lisa veio alguns meses depois da paralisação. Com rapidez, organizamos um fórum aberto. Fizemos mesas redondas em torno do que julgávamos que poderiam ser oportunidades para a região.

Quando abrimos a porta, vimos um grande grupo de pessoas migrando para uma mesa de energias renováveis. A migração ficou tão concorrida que precisamos dividir a conversa em duas mesas. Vimos de imediato que havia uma oportunidade de explorar como a Space Coast poderia desenvolver seus ativos de energia renovável. Em um período de duas horas, conseguimos identificar uma oportunidade, uma Grande Chance, e definir um projeto para avançar em direção a ela. A partir desse trabalho inicial, um novo conjunto de empresas de energia limpa na Space Coast foi formado.

Ao fazer essas transformações em grande escala, aprendemos que não é necessário um grande exército de pessoas para começar. Nosso melhor caso para ilustrar esse ponto surge com o lançamento do Corredor Digital de Charleston. Mencionamos Charleston quando apresentamos a breve história do Strategic Doing. Aqui está mais uma parte da história de como o corredor digital passou a existir. Ed encontrou o caminho para Charleston quando a Câmara de Comércio de Charleston o recrutou para desenvolver um plano de fazer estratégico para a Câmara. Durante uma das primeiras viagens de Ed, Ernest Andrade, um funcionário do município, entrou em contato com ele e pediu ajuda. Ernest tinha uma ideia, mas não sabia muito bem como implementá-la. Achava que Charleston poderia se tornar um centro dinâmico para negócios digitais de alto crescimento. Em 2001, a ideia parecia um pouco rebuscada. Charleston não tinha uma grande universidade de pesquisa, que em geral serve de âncora para uma ideia tão ambiciosa.

Durante o primeiro encontro, Ed perguntou a Ernest sobre seus ativos. Ernest não tinha muitos: contou com o apoio entusiástico do prefeito (mas não houve nenhum novo orçamento) e ganhou um logotipo. Só isso. Ernest deixou claro que não tinha dinheiro para pagar um consultor. Ed e Ernest concordaram, então, em projetar e lançar uma estratégia recorrendo a uma reunião mensal no café da manhã, como uma 30/30. Por meio desses encontros, Ed ensinou a Ernest como pensar na construção de um *cluster* como um portfólio de iniciativas colaborativas: desenvolvendo talento, construindo apoios para empreendedores; desenvolvendo lugares conectados, pontos de qualidade para tornar Charleston "pegajosa" para *startups*; e criando novas narrativas sobre o futuro de Charleston como um centro digital para empresas de alto crescimento. Ed sugeriu um ponto de partida, uma Grande Chance: criar um fórum mensal para modelar o comportamento de colaboração que poderia impulsionar o Corredor para a frente. Ernest lançou as "Sextas no Corredor" em 2001, e esses encontros continuam até hoje como ponto central de encontro para os empresários de Charleston. Hoje, o Corredor Digital de Charleston é um ecossistema internacionalmente conhecido de empresas de alto crescimento.

PENSAMENTOS FINAIS

Queremos terminar por onde começamos; com as ideias do credo do Strategic Doing:

- Acreditamos que temos a responsabilidade de construir um futuro próspero, sustentável, para nós mesmos e para as gerações futuras.
- Nenhum indivíduo, organização ou lugar podem construir esse futuro sozinho.
- Colaboração aberta, honesta, focada e atenciosa entre diversos participantes é o caminho para alcançar resultados claros, valiosos e compartilhados.
- Acreditamos em fazer, não apenas em falar – e em um comportamento em sintonia com nossas crenças.

A necessidade de uma nova abordagem para os desafios complexos do nosso mundo nunca foi maior. Enfrentamos grandes desafios em várias áreas de nossa vida cotidiana que descrevê-los ocuparia outro livro e outros além dele.

Mas o que também sabemos, graças ao nosso trabalho em inúmeras comunidades (falamos apenas de algumas delas neste livro), é que, embora nossas estruturas políticas possam parecer eternamente paralisadas, há pessoas em *todas* as comunidades prontas para arregaçar as mangas, juntar forças com seus colegas de trabalho e vizinhos e pôr mãos à obra. Só estão esperando por novas ideias sobre como ter conversas que levarão a uma mudança real. Acreditamos que as habilidades deste livro *são* essas novas ideias e a escrevemos porque, como diz o credo, acreditamos em fazer, não apenas em falar. Esperamos que você se junte a nós nesta aventura.

SAIBA MAIS

Esperamos que seu apetite tenha sido aguçado para saber mais sobre o que consideramos um tópico infinitamente fascinante: como é que as pessoas podem trabalhar juntas de maneira mais eficaz para provocar mudança – seja em empresas, organizações, comunidades ou regiões. Esta seção final fornece algumas orientações sobre para onde você pode avançar em seguida.

Nosso próprio *site*, strategicdoing.net, tem informações ricas sobre o Strategic Doing, bem como "relatórios de campo" de locais onde o Strategic Doing está sendo empregado. Você também pode ver as próximas datas de treinamento para se aprofundar nas habilidades e nas respectivas aplicações; temos treinamentos em toda a América do Norte e, enquanto escrevemos este livro, estamos programando treinamento na Europa.

Também temos uma página para os leitores deste livro www.strategicdoing.net/skills4agile. Lá você encontrará informações extras sobre o uso das habilidades de uma liderança ágil e também poderá nos enviar comentários ou perguntas.

Os recursos que aparecem a seguir estão organizados por capítulo, incluindo informações sobre fontes de pesquisa ou de outros dados a que fizemos referência direta, assim como itens mais gerais que você pode considerar úteis na exploração dos tópicos do capítulo.

INTRODUÇÃO

Para saber mais sobre a história de Flint e seus desafios, veja:

Canapari, Z.; Cooper, D. *Flint Town*. Netflix, 2018.

Highsmith, A. R. *Demolition Means Progress: Flint, Michigan, and the Fate of the American Metropolis*. University of Chicago Press, 2015.

Misjak, L. "Haunted by Homicides: Flint Reaches 34 Slayings in Seven Months, on Pace to Hit 1986 Record of 61." *Flint Journal*, 1º ago. 2010. Disponível em: http://www.mlive.com/news/flint/index.ssf/2010/08/haunted_by_homicides_flint_rea.html. Acesso em: 19 out. 2018.

As estatísticas de criminalidade nacionais ou de cidades americanas podem ser encontradas na seção "Uniform Crime Reporting" do *site* do Federal Bureau of Investigations: ucr.fbi.gov.

CAPÍTULO 1: VOCÊ ESTÁ AQUI

Explore "*satisficing*" [satisfação] nestes artigos:

Simon, H. A. "Rational Decision Making in Business Organizations." *American Economic Review*, 69(4), 1979, pp. 493-513.

Simon, H. A. "Theories of Bounded Rationality." *Decision and Organization, 1*(1), 1972, pp. 161-76.

"Muddling through" [virar-se, arranjar-se, improvisar] vem do cientista político Charles Lindblom, que escreveu um ensaio em 1959 sugerindo que este era o meio [a improvisação] pelo qual a maioria das decisões de política pública eram tomadas:

Lindblom, C. "The Science of 'Muddling Through'." *Public Administration Review*, 19(2), 1959, pp. 79-88. doi:10.2307/973677.

Estatísticas sobre os desafios preocupantes para nossas comunidades e para o mundo, como mortes por armas de fogo e opioides, crescimento populacional, produção de alimentos e demanda de energia, foram retiradas das seguintes fontes:

Alexandratos, N.; Bruinsma, J. *World Agriculture Towards 2030/2050: The 2012 Revision* (Vol. 12, Nº. 3). FAO, Rome: ESA Working Paper, 2012.

Sieminski, A. "International Energy Outlook." *Energy Information Administration (EIA)*, 2014, p. 18.

UN DES. *World Population Prospects: The 2075 Revision: Key Findings and Advance Tables*. Nações Unidas, 2017.

Aqui estão três livros que explicam a ideia do sistema complexo e seu papel em nosso mundo:

Holland, J. H. *Complexity: A Very Short Introduction*. Oxford University Press, 2014.

Mitchell, M. *Complexity: A Guided Tour.* Oxford University Press, 2009.

Waldrop, M. M. *Complexity: The Emerging Science at the Edge of Order and Chaos.* Simon & Schuster, 1993.

A ideia de "problemas complexos" é cada vez mais importante e discutida pela primeira vez aqui:

Rittel, H. W. & Webber, M. M. "Dilemmas in a General Theory of Planning." *Policy Sciences*, 4(2), 1973, pp. 155-69.

Peter Drucker conta a história do surgimento de consultores de gestão neste livro:

Drucker, Peter. *Management: Tasks, Responsibilities, Practices.* Harper & Row, 1974.

Para compreender melhor a natureza e os perigos das hierarquias e do pensamento hierárquico:

Tett, G. *The Silo Effect: The Peril of Expertise and the Promise of Breaking Down Barriers*. Simon & Schuster, 2015.

Leia sobre a "Era Dourada de Hollywood" neste despacho de Los Angeles no momento em que o sistema estava começando a mudar:

Hodgins, Eric. "Amid Ruins of an Empire a New Hollywood Arises." *Life*, 10 jun. 1957, p. 146.

Nossa informação sobre *O Hobbit* veio das seguintes fontes:

Bulbeck, P. "'Hobbit' Trilogy Reportedly Cost $745 Million to Make." *Hollywood Reporter*, 21 out. 2014.

The Hobbit: An Unexpected Journey. The Internet Movie Database, 2012. Disponível em: https://www.imdb.com/title/tt0903624/. Acesso em: 19 out. 2018.

O organograma original da produtora audiovisual chamou nossa atenção graças a Derek Dahlsad, da Info Mercantile, a Twentieth Century Fox autorizou sua publicação aqui.

O gráfico da rede do *iPod* é compartilhado como cortesia de seu criador, Valdis Krebs.

Há muito material escrito sobre redes sociais e provavelmente já terão sido lançados muitos outros títulos quando este livro for publicado. Há dois livros, no entanto, que recomendamos:

Cross, R.; Parker, A.; Christensen, C. M.; Anthony, S. D.; Roth, E. A. *The Hidden Power of Social Networks*. Harvard Business Press, 2004.

Cross, R. L.; Thomas, R. J. *Driving Results Through Social Networks: How Top Organizations Leverage Networks for Performance and Growth* (Vol. 265). Wiley, 2008.

Se você está interessado em saber como o planejamento estratégico se tornou uma ferramenta de escolha:

Hunter, P. *The Seven Inconvenient Truths of Business Strategy*. Routledge, 2016.

Adiante há uma explicação de por que a Curva S é fundamental para a inovação da gestão:

Nunes, P.; Breene, T. *Jumping the S-curve: How to Beat the Growth Cycle, Get on Top, and Stay There*. Harvard Business Press, 2011. (Obs: O Accenture Institute for High Performance publicou um resumo aqui: https://www.accenture.com/_acnmedia/Accenture/Conversion-Assets/DotCom/Documents/Global/PDF/Dualpub_23/Accenture-Jumping-S-Curve-POV.pdf. Acesso em: 19 out. 2018).

Tanto neste livro como em nossos treinamentos, costumamos lamentar que a palavra "colaboração" esteja claramente entre "As *top* 10" por excesso de uso. No entanto, aqui estão várias abordagens interessantes sobre o tópico:

Chrislip, D. D.; Larson, C. E. *Collaborative Leadership: How Citizens and Civic Leaders Can Make a Difference* (Vol. 24). Jossey-Bass, 1994.

Hansen, M. *Collaboration: How Leaders Avoid the Traps, Build Common Ground, and Reap Big Results*. Harvard Business Press, 2009.

Huxham, C. (org.). *Creating Collaborative Advantage*. Sage, 1996.

Você pode conhecer sobre as origens do projeto Linux em um vídeo que eles criaram para o aniversário de 20 anos:

The Linux Foundation. "The Story of Linux.", 2011. Disponível em: https://youtu.be/5ocq6_3-nEw. Acesso em: 19 out. 2018.

Existem, é claro, muitos livros sobre a manobra de bastidores que resultou na Constituição dos Estados Unidos. Recomendamos estes:

Berkin, C. *A Brilliant Solution: Inventing the American Constitution.* Houghton Houghton Mifflin Harcourt, 2003.

Webb, D. A. "The Original Meaning of Civility: Democratic Deliberation at the Philadelphia Constitutional Convention." *South Carolina Law Review*, 2012, p. 64 e 183.

Esta descrição concisa de que por que regras simples são tão importantes é o princípio que guia nosso trabalho:

Eisenhardt, K. M.; Sull, D. N. "Strategy as Simple Rules." *Harvard Business Review,* 79(1), 2001, pp. 106-19.

CAPÍTULO 2: HABILIDADE 1

O trabalho de Amy Edmondson sobre "segurança psicológica" é a base dessa habilidade:

Edmondson, A. "Psychological Safety and Learning Behavior in Work Teams." *Administrative Science Quarterly*, 44(2), 1999, pp. 350-83.

Leia mais sobre a ideia de conversas profundas aqui:

Mehl, M. R.; Vazire, S.; Holleran, S. E.; Clark, C. S. "Eavesdropping on Happiness: Well-being is Related to Having Less Small Talk and More Substantive Conversations." *Psychological Science*, 21(4), 2010, pp. 539-41.

A "equidade de voz" também é um aspecto fundamental dessa habilidade; muitos conhecem o princípio por experiência própria, mas há pesquisa por trás da ideia:

Keil, J.; Stober, R.; Quinty, E.; Molloy, B.; Hooker, N. "Identifying and Analyzing Actions of Effective Group Work." Artigo apresentado na Physics Education Research Conference 2015, College Park, MD, 29 jul. 2015.

O "princípio do urso de pelúcia" parece quase fantástico demais para ser verdade, mas para mais informação, veja:

Gino, F.; Desai, S. D. "Memory Lane and Morality: How Childhood Memories Promote Prosocial Behavior." *Journal of Personality and Social Psychology*, 102(4), 2012, p. 743.

Nossas referências acerca do tamanho ideal do grupo vêm dessas fontes:

Blenko, M. W.; Mankins, M. C.; Rogers, P. *Decide & Deliver: 5 Steps to Breakthrough Performance in Your Organization*. Harvard Business Press, 2010.

de Rond, M. *Why Less is More in Teams*. Harvard Business Review, 2012, p. 224.

Gallagher, S. M.; Leddy, C. "Why Most Teams Fail and How You Can Succeed." *Influence Success*, 2017. Disponível em: http://www.influencesuccess.com/wp-content/uploads/2018/04/Why-Most-Teams-Fail-How-Yours-Can-Succeed.pdf. Acesso em: 19 out. 2018.

Ingham, A. G.; Levinger, G.; Graves, J.; Peckham, V. "The Ringelmann Effect: Studies of Group Size and Group Performance." *Journal of Experimental Social Psychology*, 10(4), 1974, pp. 371-84.

Menon, T.; Williams Phillips, K. "Getting Even vs. Being the Odd One Out: Conflict and Cohesion in Even and Odd Sized Groups." *Organizational Science*, 22(3), 2008.

Se você quiser explorar por que a "rápida alternância" (ou multitarefa) é tão destrutiva para a eficiência, veja:

Mark, G.; Gudith, D.; Klocke, U. "The Cost of Interrupted Work: More Speed and Stress." *In Proceedings of the SIGCHI Conference on Human Factors in Computing Systems*, 2008, pp. 107-10. Association for Computing Machinery.

Sullivan, B.; Thompson, H. "Brain, Interrupted." *New York Times*, 5 maio 2013.

O Google é apenas uma organização que se esforça muito tentando construir equipes eficazes, mas ganhamos o benefício de aprender com sua experiência aqui:

Duhigg, C. "What Google Learned from its Quest to Build the Perfect Team." *New York Times Magazine, 26*, 2016.

O paradoxo da democracia americana, como uma democracia cuja promessa ainda não foi inteiramente cumprida, é explorado nestes dois livros:

Dahl, RA *How Democratic is the American Constitution?* Yale University Press, 2003.

Wallis, Jim. *America's Original Sin: Racism, White Privilege, and the Bridge to a New America*. Brazos Press, 2016.

CAPÍTULO 3: HABILIDADE 2

A história da criação da Polaroid está nestes relatos:

American Chemical Society. "Edwin Land and Photography *Polaroid*", 2015. Disponível em: https://www.acs.org/content/acs/en/education/whatischemistry/landmarks/land-instant-photography.html. Acesso em: 19 out. 2018.

McCann, M. "Polaroid's Instant Karma." *New York Times*, 10 dez. 2012.

Berger, W. *A More Beautiful Question: The Power of Inquiry to Spark Breakthrough Ideas*. Bloomsbury Publishing USA, 2014.

O trabalho de Ronald Heifetz é fundamental para a compreensão das dimensões dos desafios que você pode estar enfrentando. A seguir, está seu trabalho seminal sobre liderança, em conjunto com uma apostila para ajudá-lo a aplicar suas lições:

Heifetz, R. A.; Heifetz, R. *Leadership Without Easy Answers* (Vol. 465). Harvard University Press, 1994.

Heifetz, R. A.; Grashow, A.; Linsky, M. *The Practice of Adaptive Leadership: Tools and Tactics for Changing Your Organization and the World*. Harvard Business Press, 2009.

Em vez de encaminhar você apenas para uma fonte de Investigação Apreciativa, o *site* de David Cooperrider está cheio de informações úteis:

https://www.instituteofcoaching.org/author/cooperrider-david

A elegante explicação de Tina Seelig sobre a essência do poder de uma pergunta vem de seu livro:

Seelig, T. *inGenius: A Crash Course on Creativity*. Hay House, 2012.

A ideia de um "modelo mental" vem do trabalho de (entre outros) Philip Johnson-Laird:

Johnson-Laird, P. N. "Mental Models in Cognitive Science." *Cognitive Science*, 4(1), 1980, p. 71-115.

Para conhecer a história de como Steve Jobs fez a pergunta certa para (possivelmente) lançar nossa era digital, veja:

Palus, C. J.; Horth, D. M. *The Leader's Edge: Six Creative Competencies for Navigating Complex Challenges*. Jossey-Bass, 2002.

Gervase R. Bushe gentilmente nos deu permissão de usar sua *checklist* de boas perguntas. Ela pode ser encontrada aqui:

Bushe, G. "Appreciative Inquiry is Not (Just) About the Positive." *OD Practitioner*, 39(4), 2007, pp. 33-8.

CAPÍTULO 4: HABILIDADE 3

A ideia de basear a estratégia em ativos teve seu início no desenvolvimento comunitário; para saber mais, veja:

Nurture Development. Disponível em: http://www.nurture-development.org/assetbased-community-development. Acesso em: 19 out. 2018.

Não somos os primeiros a tirar lições de negócios da arte do improviso, como você pode ler aqui:

Barrett, F. *Yes to the Mess: Surprising Leadership Lessons from Jazz*. Harvard Business Press, 2012.

CAPÍTULO 5: HABILIDADE 4

A *Caesar salad* é icônica em parte por sua fascinante história de origem:

Henderson, P. "Caesar Salad Turns 90?" *San Diego Reader*. Acesso em: 4 jul. 2014.

A inovação recombinante no mundo alimentar é explorada neste artigo científico que não tem nada a ver com cozinha:

Messeni Petruzzelli, A.; Savino, T. "Reinterpreting Tradition to Innovate: The Case of Italian Haute Cuisine." *Industry and Innovation*, 22(8), 2015, pp. 677-702.

Explore aqui a ideia de pensamento horizontal:

Burke, J. *Connections: From Ptolemy's Astrolabe to the Discovery of Electricity, How Inventions are Linked and How They Cause Change Throughout History*. Little, Brown and Company (revisada, 1995).

Johansson, F., *The Medici Effect: What Elephants and Epidemics Can Teach Us About Innovation*. Harvard Business School Press, 2006.

Johnson, S. *Where Good Ideas Come From: The Seven Patterns of Innovation*. Penguin UK, 2011.

Saiba mais sobre a inovação da bomba de infusão aqui:

Fiorini, P. "Regenstrief Launches Hospital Research Community to Improve Infusion Pump Drug-Delivery System." *Purdue News Service*. Acesso em: 16 jul. 2012.

A ideia de que grupos que usam o pensamento horizontal criam a "mente ampliada" vem destas fontes:

Clark, A.; Chalmers, D. "The Extended Mind." *Analysis*, 58(1), 1998, pp. 7-19.

Sloman, S.; Fernbach, P. *The Knowledge Illusion: Why We Never Think Alone*. Penguin, 2018.

A história de como ursos e mel ajudaram um engenheiro, durante uma caminhada reflexiva, a resolver um problema técnico está contada no *site* fascinante de Michael Michalko:

creativethinking.net

Para saber mais sobre nosso cérebro e criatividade, veja:

Mednick, S. "The Associative Basis of the Creative Process." *Psychological Review*, 69(3), 1962, p. 220.

CAPÍTULO 6: HABILIDADE 5

O papel que a confiança desempenha no modo como um processo de decisão é percebido é explorado nestas fontes:

Daellenbach, U. S.; Davenport, S. J. "Establishing Trust During the Formation of Technology Alliances." *Journal of Technology Transfer*, 29(2), 2004, pp. 187-202.

Korsgaard, M. A.; Schweiger, D. M.; Sapienza, H.J. "Building Commitment, Attachment, and Trust in Strategic Decision-Making Teams: The Role of Procedural Justice." *Academy of Management Journal*, 38(1), 1995, pp. 60-84.

Tackx, K.; Van der Heyden, L.; Verdin, P. *Fairness in Strategy: A Fair Process Evaluation of Strategy Schools* (documento de trabalho). Université Libre de Bruxelles – Solvay Brussels School of Economics and Management, 2016.

A matriz 2 × 2 é uma ferramenta poderosa, como estes autores deixam claro:

Lowy, A.; Hood, P. *The Power of the 2×2 Matrix: Using 2 × 2 Thinking to Solve Business Problems and Make Better Decisions.* Wiley, 2011.

Katherine Eisenhardt, de Stanford, explica o conceito de intuição em grupo:

Eisenhardt, K. M. "Strategy as Strategic Decision Making." *Sloan Management Review*, 40(3), 1999, pp. 65-72.

CAPÍTULO 7: HABILIDADE 6

A ideia de prospecção ("relembrando adiante") é fascinante; para saber mais, veja:

Gilbert, D. T.; Wilson, T. D. "Prospection: Experiencing the Future." *Science*, 317(5843), 2007, pp. 1351-354.

Durante a escrita do livro, membros de nossa equipe expressaram ceticismo sobre sermos capazes de "ver" a atividade da dopamina; se você também está em dúvida, leia mais aqui:

Lee, T.; Cai, L. X.; Lelyveld, V. S.; Hai, A.; Jasanoff, A. "Molecular-level Functional Magnetic Resonance Imaging of Dopaminergic Signaling." *Science*, 344 (6183), 2014, pp. 533-35.

CAPÍTULO 8: HABILIDADE 7

Nossa compreensão da ideia de pequenos sucessos deriva destas fontes:

Amabile, T. M.; Kramer, S. J. "The Power of Small Wins." *Harvard Business Review,* 89(5), 2011, pp. 70-80.

Diaz, P. P. "The Progress Principle: Using Small Wins to Ignite Joy, Engagement, and Creativity at Work." *Research Technology Management*, 55(6), 2012, p. 68.

Schlesinger, L.; Kiefer, C. *Just Start: Take Action, Embrace Uncertainty, Create the Future*. Harvard Business Review Press, 2012.

Weick, K. E. "Small Wins: Redefining the Scale of Social Problems." *American Psychologist*, 39(1), 1984, p. 40.

Usamos vários termos para descrever o trabalho inicial ou projeto inicial de uma equipe baseados no trabalho destes pesquisadores:

Gerber, E.; Carroll, M. "The Psychological Experience of Prototyping." *Design Studies*, 33(1), 2012, pp. 64-84.

Harford, T. *Adapt: Why Success Always Starts With Failure.* Farrar, Straus e Giroux, 2011.

Liedtka, J. *Designing Learning Launches*. Darden Business Publishing, University of Virginia, 2009.

CAPÍTULO 9: HABILIDADE 8

Leia mais sobre o trabalho de Amy Edmondson acerca de "time" neste livro:

Edmondson, A. C. *Teaming: How Organizations Learn, Innovate, and Compete in the Knowledge Economy.* Wiley, 2012.

Explore as dimensões de liderança compartilhada nestas fontes:

Goldsmith, M. "Shared Leadership to Maximize Talent." *Harvard Business Review*, 26 maio 2010.

O conceito de "gestão baseada em promessa" como pré-requisito para a liderança compartilhada vem desses textos:

D'Innocenzo, L.; Mathieu, J. E.; Kukenberger, M. R. "A Meta-analysis of Different Forms of Shared Leadership-team Performance Relations." *Journal of Management*, 42(7), 2016, pp. 1964-991.

Sull, D. N.; Spinosa, C. "Promise-based Management." *Harvard Business Review*, 85(4), 2007, pp. 79-86.

Wang, D.; Waldman, D. A.; Zhang, Z. "A Meta-analysis of Shared Leadership and Team Effectiveness." *Journal of Applied Psychology*, 99(2), 2013, pp. 181-98.

"Minicompromissos" formam a base dessa habilidade; estas fontes exploram a ideia, embora sem usar o termo:

Brinkmann, K. "How to Raise Teachers' Motivation Through "Nudges" and Attribution Theory." *Open Journal of Social Sciences*, 5, 2017, pp. 11-20.

Cheng, J.; Kulkarni, C.; Klemmer, S. "Tools for Predicting Drop-off in Large Online Classes." *Proceedings of the 2013 Conference on Computer Supported Cooperative Work Companion –* CSCW'13, 2013, pp. 121-24.

Jamison, J.; Wegener, J. "Multiple Selves in Intertemporal Choice." *Journal of Economic Psychology*, 2010, pp. 832-39.

Se sua dissertação também precisa ser concluída, ficamos felizes em compartilhar este volume útil:

Bolker, J. *Writing Your Dissertation in Fifteen Minutes a Day: A Guide to Starting, Revising, and Finishing Your Doctoral Thesis*. Holt Paperbacks, 1998.

Se gostaria de ler mais sobre o projeto Epicenter de 50 universidades, a seguir estão os textos relevantes.

Nilsen, E.; Morrison, E. F.; Asencio, R.; Hutcheson, S. "Getting 'There': Understanding How Innovation and Entrepreneurship Become Part of Engineering Education." Texto apresentado na Conferência & Exposição Anual ASEE de 2017, Columbus, Ohio, 2017. Disponível em: https://peer.asee.org/getting-there-understanding-how-innovation-and-entrepreneurship-become-part-of-engineering-education . Acesso em: 18 jul. 2024.

Nilsen, E.; Monroe-White, T.; Morrison, E. F.; Weilerstein, P. *Going Beyond "What Should We Do?": An Approach to Implementation of Innovation and Entrepreneurship in the Curriculum*. Texto apresentado na Conferência & Exposição Anual ASEE de 2016, Nova Orleans, Louisiana, 2016. Disponível em: https://peer.asee.org/25405. Acesso em: 19 out. 2018.

Por fim, embora não tenham sido citadas diretamente no livro, encontramos várias outras obras úteis na investigação dessa habilidade:

Collins, J. "Level 5 Leadership." *The Jossey-Bass Teader on Educational Leadership* (2ª ed.), 2007, pp. 27-50. Jossey Bass.

Greenleaf, R. K. *Servant Leadership: A Journey Into the Nature of Legitimate Power and Greatness*. Paulist Press, 2002.

Haiman. F. S. *Group Leadership and Democratic Action*. Houghton-Mifflin, 1951.

Hersey, P.; Blanchard, K. H.; Johnson, D. E. *Management of Organizational Behavior* (Vol. 9). Prentice Hall, 2007.

CAPÍTULO 10: HABILIDADE 9

Chris Argyris é o primeiro pensador sobre o aprendizado organizacional; aqui estão alguns de seus trabalhos:

Argyris, C. "Teaching Smart People How to Learn." *In* R. Cross, Jr. & S. Israelit (orgs.), *Strategic Learning in a Knowledge Economy*. Elsevier, 2000, pp. 279-96.

Argyris, C. "Double-loop Learning, Teaching, and Research." *Academy of Management Learning & Education*, 1(2), 2002, pp. 206-18.

Argyris, no entanto, não é a única pessoa que explorou esse tema; aqui está outra fonte que julgamos útil:

Richardson, J. "Double Loop Learning: A Powerful Force for Organizational Excellence." *In Proceedings of the Pacific Northwest Software Quality Conference*, 2014.

Embora ele cubra a história anterior ao Projeto de Mudança de Shoals, não podemos deixar de recomendar um documentário sobre a indústria musical em torno de Muscle Shoals, Alabama:

Camalier, G.; Badger, S. *Muscle Shoals*. Magnolia Pictures, 2013.

CAPÍTULO 11: HABILIDADE 10

Há um livro inteiro sobre a ideia de "dar um empurrãozinho":

Thaler, R. H.; Sunstein, C. R. *Nudge: Improving Decisions About Health, Wealth, and Happiness*. Yale University Press, 2008.

O exemplo de "dar um empurrão" para influenciar a poupança da aposentadoria é contado aqui:

Ben-Artzi, S.; Thaler, R. H. "Behavioral Economics and the Retirement Savings Crisis." *Science, 339* (6124), 2013, pp. 1152-153.

Utkus, S. "A Recent Successful Test of the SMarT Program." *Vanguard Center for Retirement Research.* Set. 2002. Disponível em https://institutional.vanguard.com/pdf/SMarT_112002.pdf.

Há também textos menores sobre como efetivamente dar um empurrãzinho na era digital.

Halpern, D. *Inside the Nudge Unit: How Small Changes Can Make a Big Difference.* Random House, 2016.

Shamah, D. "The Fine Art and Gentle Science of Digital Nudging." *The Times of Israel,* 22 dez. 2015.

Frequentemente nos referimos ao "empurrão" como a principal ferramenta para "construir confiança em grande escala". A seguir, estão três dos textos mais esclarecedores que encontramos sobre confiança:

Blacksher, E.; Nelson, C.; Van Dyke, E.; Echo-Hawk, A.; Bassett, D.; Buchwald, D. "Conversations About Community-based Participatory Research and Trust: "We Are Explorers Together." *Progress in Community Health Partnerships: Research, Education, and Action.*, 2016

Christopher, S.; Watts, V.; McCormick, A.K.H.G.; Young, S. "Building and Maintaining Trust in a Community-Based Participatory Research Partnership. *American Journal of Public Health,* 2008.

Fukuyama, F. *Trust: The Social Virtues and the Creation of Prosperity* (Nº D10 301 c. 1/c. 2). Free Press Paperbacks, 1995.

CAPÍTULO 12: DEZ HABILIDADES. ENTENDI. E AGORA?

A explicação detalhada de como Benjamin Franklin tomava decisões está descrita aqui:

"From Benjamin Franklin to Joseph Priestly", 19 set. 1772. *Founders Online*. Disponível em: https;//founders.archives.gov/?-q=Franklin%20Priestly&s=1111311111&sa=&r=24&sr=. Acesso em: 19 out. 2018.

Se quiser ler mais sobre "variedade necessária", consulte esse artigo:

Ashby, W. R.; Goldstein, J. "Variety, Constraint, and the Law of Requisite Variety." *Emergence: Complexity and Organization*, 13(1/2), 2011, p. 190.

Acreditamos que a ideia de "diversidade cognitiva" vai aumentar de importância nos próximos anos; a seguir uma fonte para aprender mais:

Page, S. *The Difference: How the Power of Diversity Creates Better Groups, Firms, Schools, and Societies.* Princeton University Press, 2007.

Descobrimos que o AEM-Cube® é uma ferramenta extraordinária para ajudar as equipes a explorar sua diversidade cognitiva e estratégica, entender seus pontos fortes e contribuir para o crescimento. Você pode aprender mais sobre a ferramenta aqui:

agilestrategylab.org (na América do Norte)

human-insight.com (em outro lugar)

Os textos abaixo também fornecem informações úteis sobre a ferramenta:

Robertson, P. P. *Always Change a Winning Team.* Marshall Cavendish Business, 2005.

Reynolds, A.; Lewis, D. "Teams Solve Problems Faster When They're More Cognitively Diverse." *Harvard Business Review,* 2017.

Se você já se perguntou como é que os pássaros, por exemplo, sabem voar juntos em formação compacta, vai gostar dessa explicação de como regras simples tornam colaborações tão complexas possíveis:

Johnson, S. *Emergence: The Connected Lives of Ants, Brains, Cities, and Software.* Simon & Schuster, 2002.

A citação de Drucker sobre encontrar a pergunta certa pode ser encontrada aqui:

Drucker, P. F. *The Practice of Management: A Study of the Most Important Function in America Society.* Harper & Brothers, 1954.

BIBLIOGRAFIA

Alexandratos, N.; Bruinsma, J. *World Agriculture Towards 2030/2050: The 2012 Revision*, v. 12, nº 3, FAO, Roma: ESA Working Paper, 2012.

Amabile, T.M.; Kramer, S. J. "The Power of Small Wins." *Harvard Business Review,* 89(5), 2011, pp. 70-80.

American Chemical Society. "Edwin Land and Polaroid Photography", 2015. Disponível em: https://www.acs.org/content/acs/en/education/whatischemistry/landmarks/land-instant-photography.html. Acesso em: 19 out. 2018.

Argyris, C. "Double-loop Learning, Teaching, and Research." *Academy of Management Learning & Education*, 1(2), 2002, pp. 206-18.

Ashby, W. R.; Goldstein, J. "Variety, Constraint, and the Law of Requisite Variety." *Emergence: Complexity and Organization*, 13(1/2), 2011, p. 190.

Ben-Artzi, S.; Thaler, R. H. "Behavioral Economics and the Retirement Savings Crisis." *Science*, 339(6124), 2013, pp. 1152-153.

Berkin, C. *A Brilliant Solution: Inventing the American Constitution*. Houghton Mifflin Harcourt, 2003.

Blenko, M. W.; Mankins, M.C.; Rogers, P. *Decide & Deliver: 5 Steps to Breakthrough Performance in Your Organization*. Harvard Business Press, 2010.

Bolker, J. *Writing Your Dissertation in Fifteen Minutes a Day: A Guide to Starting, Revising, and Finishing Your Doctoral Thesis*. Holt Paperbacks, 1998.

Bulbeck, P. "'Hobbit' Trilogy Reportedly Cost $745 Million to Make." *Hollywood Reporter*, 21 out. 2014.

Burke, J. *Connections: From Ptolemy's Astrolabe to the Discovery of Electricity, How Inventions Are Linked and How They Cause Change Throughout History*. Little, Brown and Company (revisto, 1995).

Bushe, G. "Appreciative Inquiry is Not (Just) About the Positive." *OD Practitioner*, 39(4), 2007, pp. 33-8.

Clark, A.; Chalmers, D. "The Extendedmind." *Analysis*, 58(1), 1998, pp. 7-19.

Dahl, R. A. *How Democratic is the American Constitution?* Yale University Press, 2003.

De Rond, M. "Why Less is More in Teams." *Harvard Business Review*, 2012, p. 224.

D'Innocenzo, L.; Mathieu, J. E.; Kukenberger, M. R. "A Meta-analysis of Different Forms of Shared Leadership-team Performance Relations." *Journal of Management*, 42(7), 2016, pp. 1964-991.

Diaz, P. P. "The Progress Principle: Using Small Wins to Ignite Joy, Engagement, and Creativity at Work." *Research Technology Management*, 55(6), 2012, p. 68.

Drucker, P. F. *The Practice of Management: A Study of the Most Important Function in America Society.* Harper & Brothers, 1954.

Duhigg, C. "What Google Learned From Its Quest to Build the Perfect Team." *New York Times Magazine, 26*, 2016.

Edmondson, A. "Psychological Safety and Learning Behavior in Work Teams." *Administrative Science Quarterly*, 44(2), 1999, pp. 350-83.

Edmondson, A. C. *Teaming: How Organizations Learn, Innovate, and Compete in the Knowledge Economy*. Wiley, 2012.

Eisenhardt, K. M. "Strategy as Strategic Decision Making." *Sloan Management Review*, 40(3), 1999, pp. 65-72.

Eisenhardt, K. M.; Sull, D. N. "Strategy as Simple Rules." *Harvard Business Review*, 79(1), 2001, pp. 106-19.

Fiorini, P. "Regenstrief Launches Hospital Research Community to Improve Infusion Pump Drug-Delivery System." *Purdue News Service*, 16 jul. 2012.

Franklin, B. "From Benjamin Franklin to Joseph Priestly, 19 September 1772." *Founders Online*, 1972. Disponível em: https://founders.archives .gov/?q=Franklin%20Priestly&s=1111311111&sa=&r=24&sr=. Acesso em: 19 out. 2018.

Henderson, P. "Caesar Salad Turns 90?" *San Diego Reader*, 4 jul. 2014.

Gallagher, S. M.; Leddy, C. "Why Most Teams Fail and How You Can Succeed." *Influence Success*, 2017. Disponível em: http://www.influence-success.com/wp-content/uploads/2018/04/Why-Most-Teams-Fail--How-Yours-Can-Succeed.pdf. Acesso em: 19 out. 2018.

Gerber, E.; Carroll, M. "The Psychological Experience of Prototyping." *Design Studies*, 33(1), 2012, pp. 64-84.

Gilbert, D. T.; Wilson, T. D. "Prospection: Experiencing the Future." *Science*, 317(5843), 2007, pp. 1351-354.

Gino, F.; Desai, S. D. "Memory Lane and Morality: How Childhood Memories Promote Prosocial Behavior." *Journal of Personality and Social Psychology*, 102(4), 2012, p. 743.

Goldsmith, M. *Shared Leadership to Maximize Talent.* Harvard Business Review, 2010.

Halpern, D. *Inside the Nudge Unit: How Small Changes Can Make a Big Difference.* Random House, 2016.

Harford, T. *Adapt: Why Success Always Starts With Failure.* Farrar, Straus and Giroux, 2011.

Heifetz, R. A.; Heifetz, R. *Leadership Without Easy Answers* (Vol. 465). Harvard University Press, 1994.

Highsmith, A. R. *Demolition Means Progress: Flint, Michigan, and the Fate of the American Metropolis.* University of Chicago Press, 2015.

The Hobbit: An Unexpected Journey. Obtido a partir da The Internet Movie Database, 2012. Disponível em: https://www.imdb.com/title/tt0903624/. Acesso em: 19 out. 2018.

Ingham, A. G.; Levinger, G.; Graves, J.; Peckham, V. "The Ringelmann Effect: Studies of Group Size and Group Performance." *Journal of Experimental Social Psychology*, 10(4), 1974, pp. 371-84.

Johansson, F. *The Medici Effect: What Elephants and Epidemics Can Teach Us About Innovation*. Harvard Business School Press, 2006.

Johnson, S. *Where Good Ideas Come From: The Seven Patterns of Innovation*. Penguin UK, 2011.

Johnson-Laird, P. N. "Mental Models in Cognitive Science." *Cognitive Science*, 4(1), 1980, pp. 71-115.

Keil, J.; Stober, R.; Quinty, E.; Molloy, B.; Hooker, N. "Identifying and Analyzing Actions of Effective Group Work." Artigo apresentado na Physics Education Research Conference 2015, College Park, MD. Acesso em: 29 jul. 2015.

Krebs, Valdis [s.d.]. *iPhone Development Network*. Fornecido pelo criador.

Lee, T.; Cai, L. X.; Lelyveld, V. S.; Hai, A.; Jasanoff, A. "Molecular-level Functional Magnetic Resonance Imaging of Dopaminergic Signaling." *Science, 344*(6183), 2014, pp. 533-35.

Liedtka, J. *Designing Learning Launches*. Darden Business Publishing, University of Virginia, 2009.

Lindblom, C. "The Science of 'Muddling Through'." *Public Administration Review*, 19(2), 1959, pp. 79-88. doi:10.2307/973677.

Lowy, A.; Hood, P. *The Power of the 2×2 Matrix: Using 2×2 Thinking to Solve Business Problems and Make Better Decisions*. Wiley, 2011.

Mark, G.; Gudith, D.; Klocke, U. "The Cost of Interrupted Work: More Speed and Stress." *In Proceedings of the SIGCHI Conference on Human Factors in Computing Systems,* pp. 107-10. Association for Computing Machinery, abril de 2008.

McCann, M. "Polaroid's Instant Karma." *New York Times*. Acesso em: 10 dez. 2012.

Mednick, S. "The Associative Basis of the Creative Process." *Psychological Review*, 69(3), 1962, p. 220.

Mehl, M. R.; Vazire, S.; Holleran, S. E.; Clark, C. S. "Eavesdropping on Happiness: Well-being is Related to Having Less Small Talk and More Substantive Conversations." *Psychological Science*, 21(4), 2010, pp. 539-41.

Menon, T.; Williams Phillips, K. "Getting Even vs. Being the Odd One Out: Conflict and Cohesion in Even and Odd Sized Groups." *Organizational Science*, 22(3), 2008.

Messeni Petruzzelli, A.; Savino, T. "Reinterpreting Tradition to Innovate: The Case of Italian Haute Cuisine." *Industry and Innovation*, 22(8), 2015, pp. 677-702.

Michalko, Michael. [s.d.]. "The Story of the Thought Walk." Disponível em: creativethinking.net. Acesso em: 29 out. 2018.

Misjak, L. "Haunted by Homicides: Flint Reaches 34 Slayings in Seven Months, on Pace to Hit 1986 Record of 61." *Flint Journal*, 1º ago. 2010. Disponível em: http://www.mlive.com/news/flint/index.ssf/2010/08/haunted_by_homicides_flint_rea. html. Acesso em: 19 out. 2018.

Nilsen, E.; Morrison, E. F.; Asencio, R.; Hutcheson, S. *Getting "There": Understanding How Innovation and Entrepreneurship Become Part of Engineering Education.* Texto apresentado na Conferência e Exposição Anual

ASEE de 2017, Columbus, Ohio. Disponível em: https://peer.asee.org/getting-there-understanding-how-innovation-and-entrepreneurship--become-part-of-engineering-education. Acesso em: 18 jul. 2024.

Palus, C. J.; Horth, D. M. *The Leader's Edge: Six Creative Competencies for Navigating Complex Challenges.* Jossey-Bass, 2002.

Rittel, H.W.; Webber, M. M. "Dilemmas in a General Theory of Planning." *Policy Sciences*, 4(2), 1973, pp. 155-69.

Schlesinger, L.; Kiefer, C. *Just Start: Take Action, Embrace Uncertainty, Create the Future.* Harvard Business Review Press, 2012.

Seelig, T. *inGenius: A Crash Course on Creativity*. Hay House, 2012.

Shamah, D. "The Fine Art and Gentle Science of Digital Nudging." *Times of Israel*, 2015.

Simon, H. A. "Rational Decision Making in Business Organizations." *American Economic Review*, 69(4), 1979, pp. 493-513.

Sloman, S.; Fernbach, P. *The Knowledge Illusion: Why We Never Think Alone.* Penguin.

Sieminski, A. (2014). "International Energy Outlook." *Energy Information Administration* (EIA), 2018, p. 18.

Sull, D. N.; Spinosa, C. "Promise-based Management." *Harvard Business Review*, 85(4), 2007, pp. 79-86.

Sullivan, B.; Thompson, H. "Brain, Interrupted." *New York Times* (5 maio 2013).

Tackx, K.; Van der Heyden, L; Verdin, P. *Fairness in Strategy: A Fair Process Evaluation of Strategy Schools* (documento de trabalho). Université

Libre de Bruxelles – Solvay Brussels School of Economics and Management, 2016

Thaler, R. H.; Sunstein, C. R. *Nudge: Improving Decisions About Health, Wealth, and Happiness*. Yale University Press, 2008.

Twentieth Century Fox (s/d). *Studio Organization Chart*. Fornecido pelo estúdio.

UN DES. *World Population Prospects: The 2075 Revision: Key Findings and Advance Tables*. United Nations, 2017.

Utkus, S. "A Recent Successful Test of the SMarT Program." *Vanguard Center for Retirement Research*, set. 2002. Disponível em: https://institutional.vanguard.com/pdf/SMarT_112002.pdf. Acesso em: 29 out. 2018.

Wallis, Jim. *America's Original Sin: Racism, White Privilege, and the Bridge to a New America*. Brazos Press, 2016.

Wang, D; Waldman, D. A.; Zhang, Z. "A Meta-analysis of Shared Leadership and Team Effectiveness.*Journal of Applied Psychology*, 99(2), 2013, pp. 181-98.

Webb, D. A. "The Original Meaning of Civility: Democratic Deliberation at the Philadelphia Constitutional Convention." *South Carolina Law Review, 64*, 2012, p. 183.

Weick, K. E. "Small wins: Redefining the Scale of Social Problems." *American Psychologist, 39*(1), 1984, p. 40.

AGRADECIMENTOS

Uma das mensagens centrais deste livro é que as transformações só são possíveis por meio da colaboração. Esse princípio não é menos verdadeiro quando aplicado ao próprio Strategic Doing – ele tem sido continuamente refinado pelas pessoas que o usaram, desde a semente de uma ideia de mais de duas décadas atrás até uma disciplina que é ensinada de uma ponta à outra dos Estados Unidos e do Canadá (e que está começando a impactar também outros lugares). Nossos primeiros agradecimentos vão para essa crescente "comunidade de prática". Embora esses agradecimentos adicionais não possam com certeza incluir a todos, queremos em especial expressar nossa gratidão às seguintes pessoas:

Aos líderes de Oklahoma City, Kentucky e Charleston, cujas comunidades serviram como primeira área de prova para o Strategic Doing: Charles Van Rysselberge, Clay Bennett, Burns Hargis, J. R. Wilhite e Ernest Andrade.

À equipe principal em Flint, que nos ensinou que o Strategic Doing pode fazer diferença no enfrentamento de questões reais de vida ou morte: Bob Brown, Kenyetta Dotson, Alexis Murphy Morris, Hubert Roberts, Artina Sadler, Donna Ulrich e o saudoso Tendaji Ganges.

À Peggy Hosea, que trabalhou com a equipe da Purdue durante mais de uma década e criou os sistemas que asseguraram que nosso trabalho tivesse êxito, lançando ao mesmo tempo as bases para construir uma rede global de profissionais e instituições parceiras.

À Nina Wojtalewicz, que manteve os pratos girando no Laboratório de Strategic Doing para que Ed, Scott e Liz pudessem encontrar tempo para escrever.

À equipe de Wiley pela orientação a nosso time de calouros; somos gratos à Jeanenne Ray, Vicki Adang e Beula Jaculin, bem como a todos que atuaram nos bastidores.

A Kim Mitchell, da Comunidade Renovação Internacional em Shreveport, Louisiana; vários anos atrás Kim direcionou suas tremendas habilidades de comunicação visual para nosso trabalho – começando com uma sessão em que ele e Ed se trancaram em uma sala de conferências com um quadro branco e muitas canetas. Os gráficos foram sendo refinados com o passar dos anos (incluindo um novo visual "simplificado" de David Allen Moss, da MossMedia), mas continuaram sendo uma parte vital de nosso ensino.

Aos nossos colegas da equipe principal do Strategic Doing: Bob Brown, Rena Cotsones, Tim Franklin, Michon Hicks e Janet Holston.

À faculdade e à equipe da Purdue, que nos integraram a seu trabalho de enfrentar desafios audaciosos em muitas disciplinas. Não há como listar todos, mas queremos em particular agradecer aos líderes que apoiaram o desenvolvimento do trabalho que fizemos lá: Ken Burbank, Sam Cordes, Duane Dunlap, Vic Lechtenberg e o ex-diretor Martin Jischke.

A David Cooperrider, cujo trabalho pioneiro em Investigação Apreciativa desbloqueou o poder de grupos que queriam criar novos futuros para suas organizações e comunidades, e tornou possível todas as nossas conversas sobre estratégia.

Finalmente, embora ele não esteja mais entre nós, somos gratos a David Morgenthaler, um dos mentores de Ed. Enquanto Ed estava tentando articular uma nova abordagem de estratégia, foi David quem primeiro sugeriu usar Curvas S para explicar a transformação. Investidor icônico, David fundou a Morgenthaler Ventures e foi pioneiro em novas indústrias de capital de risco. Ele compartilhou de forma generosa seu tempo e sua experiência, e passou os últimos anos de sua vida "pagando pra ver" de muitas maneiras.

SOBRE OS AUTORES

Edward (Ed) Morrison (JD/MBA) dirige o Laboratório de Strategic Doing da Universidade Purdue. Ele foi pioneiro no desenvolvimento de uma nova abordagem de estratégia e em uma colaboração complexa com redes abertas e pouco conectadas. Antes de ingressar na Purdue, conduziu projetos estratégicos em todos os Estados Unidos e na China. Seu trabalho ganhou o primeiro Prêmio Arthur D. Little, outorgado pelo Conselho Americano de Desenvolvimento Econômico. Ed iniciou sua carreira profissional em Washington, D.C., onde serviu como assistente legislativo no Capitólio, advogado regular na Comissão Federal de Comércio e consultor jurídico do Senado dos EUA. Ele atuou por vários períodos no conselho de diretores da Associação de Desenvolvimento Econômico Universitário (UEDA – University Economic Development Association).

Scott Hutcheson (Ph.D.) é diretor associado do Laboratório de Strategic Doing da Universida Purdue e membro do corpo docente da Escola de Tecnologia da Engenharia da Universidade de Purdue. Seu foco está em abordagens ágeis de estratégia e da ciência da colaboração. Seu trabalho tem sido publicado em revistas acadêmicas, livros, jornais e revistas. Ele também escreveu e produziu documentários de curta-metragem para televisão. Scott recebeu dois prêmios de melhor colunista da Hoosier State

Press Association, prêmio de Melhor Não Ficção Criativa do Indiana State Library's Center for the Book e seu trabalho para a WFYI Public Television de Indianápolis foi indicado a dois Emmys.

Elizabeth Nilsen (MBA) é diretora sênior de programas do Laboratório de Strategic Doing da Universidade Purdue. Sua formação inclui liderança em iniciativas de ciência, tecnologia, engenharia e matemática (STEM) em nível local, regional e nacional, assim como trabalho com algumas das iniciativas de mudança em educação superior. Sua experiência em atividades sem fins lucrativos inclui projeto e gestão de programas, captação de recursos e liderança executiva. Liz é autora de vários artigos de pesquisa e de publicações para organizações que buscam abordar questões de vitalidade comunitária.

Janyce Fadden (MBA) é diretora de engajamento estratégico da Universidade do Norte do Alabama, onde é a principal arquiteta do Projeto de Mudança de Shoals, uma iniciativa regional de inovação que ganhou um prêmio, em 2016, da Associação de Desenvolvimento Econômico Universitário (UEDA – University Economic Development Association), e foi finalista da edição de 2018 do Prêmio Phi Kappa Phi de Inovação. Janyce tem uma extensa experiência no setor privado, incluindo posições de liderança na Honeywell, General Signal e Danaher Corporation, e participa do conselho de administração da Câmara de Comércio em Shoals.

Nancy Franklin (EdD), diretora da Franklin Solutions, colabora com líderes do ensino superior, governo e empresas para facilitar parcerias estratégicas, iniciativas de inovação, desenvolvimento de talentos, planejamento ágil e criação de programas. Anteriormente, liderou iniciativas estratégicas no envolvimento comunidade-universidade e na tecnologia de ensino e aprendizagem da Virginia Tech, da Penn State e da Indiana State University após um início de carreira na IBM e na ROLM. Nancy foi empossada no Conselho Acadêmico de Engajamento Comunitário e atualmente participa do conselho consultivo de ex-alunos de doutorado da Universidade da Pensilvânia.

ÍNDICE

Há um certo número de termos que são usados com tanta frequência por todo o livro que este índice não tentará capturar todos eles – só os mais críticos e ilustrativos estão incluídos no índice. Esses termos são: "colaboração", "conversa", "rede", "guia" e "Strategic Doing".